# 偽善者の見破り方

リベラル・メディアの「おかしな議論」を斬る

岩田温
ATSUSHI IWATA

イースト・プレス

# 偽善者の見破り方

リベラル・メディアの「おかしな議論」を斬る

## はじめに

# 自分たちと意見が異なる他者を徹底的に弾圧する「リベラル」を自称する人々の正体

「リベラル」を自称する人々は、人間や諸民族における「多様性」を訴え、少数民族やLGBTなどの「マイノリティー（少数者）」、あるいは移民や外国人労働者の権利を守れと主張する。

「偏見」に基づいて人々を差別するのではなく、少数者の異なる意見も受け入れるべきだというのが彼らの主張である。

彼らの主張を文字通りに受け止めれば、彼らは世間から受け入れられることがない社会的弱者の擁護者ということになるだろう。

だが、彼らは本当に社会的弱者の擁護者と呼ぶべき立場の人々なのだろうか。私は極めて疑問に思っている。否、その正体は偽善者であると確信している。

具体的な一つの逸話を紹介するところから始めよう。

ある大学に通う学生は大変な読書家で、その大学の生協で大量に本を購入することで有名だった。彼の名を仮に竹上君としておこう。

私自身が竹上君と出会ったのは、一般市民を対象とした講演会で私が講演させてもらったときのことだった。まことによく本を読んでいて、今日《こんにち》では珍しい学生だと驚いたことを覚えている。竹上君は私自身が読んだこともないような本を読んでいて、話していて、こちらが勉強になった。また、彼が読んでいる本の多くを私自身も読んでいて、それほど有名ではないが、非常に面白い本について語り合うことができる稀有《けう》な学生でもあった。

あるとき、竹上君が通う大学の生協の職員が彼に声をかけた。新入生に読むべき本をすすめたいから、ぜひともブック・レビューを書いてほしいとの依頼だった。せっかく新入生に本をすすめるのだから、その本を読むことによって、さらに読書欲が刺激されるような本を選ぼうと、竹上君はいろいろ考えを巡らせた結果、拙著『流されない読書』（育鵬社《いくほうしゃ》、二〇一八年）を含む数冊を選び、紹介文を書き上げた。

『流されない読書』はこれまでの私の著作と異なり、政治色が極めて薄く、純粋に読書のすすめを説いた本だった。若い学生が読書をしないことを憂えて書いた一冊だったので、大変な読書家である竹上君がこの本を新入生にすすめてくれるとの話を聞いたとき、非常にうれしく思った。

だが、レビューを提出してから数日後、生協から「この本を生協で推薦することはできない……」との断りの連絡が彼の元に入った。同時に提出した他のレビューには何の注文もつかず、そのまま掲載されることになるというのだが、拙著のレビューだけは何としても掲載不可能だというのだ。

不思議に思った竹上君がその理由を聞いても職員は口を濁すばかりで、はっきりした理由を述べようとしなかったという。

この話を聞いたとき、「ああ、またいつものパターンか」と思わずにはいられなかった。何度も、何度も味わってきた屈辱である。何も説明しなかったので、あくまで想像するしかないのだが、生協の職員が拙著を学生にすすめることができないと述べたのは、本の内容によるものではない。おそらく本の内容すら確認していないだろう。「右翼政治学者」岩田温《いわたあつし》が書いた本だから学生に推薦することができないというのが彼らの本音なのだ。思うに、その職員一人が「右翼政治学者」・岩田温を嫌悪していたわけではないだろう。もしかしたら、心情的には私に同情すらしていたかもしれない。

だが、その「生協」という場で生き延びていくためには、「右翼政治学者」岩田温の本を推薦することなどあってはならないのだ。なぜなら、「リベラル」ではないと思われた瞬間に自分自身の立場がなくなってしまうからだ。あくまで「リベラル」を演じ続けていなければならないのが彼らの宿命なのだ。

仮に私が怒り狂って、その大学の生協に抗議を申し入れたとしよう。だが、そんなことをしても何にもならないのは、かねての経験からよく理解している。彼らは決して拙著が「右翼政治学者が書いた本だから掲載しない」とは明言しないのだ。どんなに理由を聞いてみても、理由は絶対に口にしない。政治的右、左といった価値観で特定の本を排除することが問題であることは理解しているからだ。しかし、彼らは何としても右派の本を排除しなければならないという強迫観念を持っている。「リベラル」にあらずんば人にあらず、という空気が漂っているのがマスメディアであり、大学であり、司法の世界なのだ。

口先で「多様性」だの「少数者の擁護」を叫びながら、自分たちと意見が異なる他者を徹底的に弾圧するのが彼らの特徴だ。彼らが「左翼全体主義集団」を自称しているのならば、そのやり方は理解できる。他者の意見を尊重しないのが全体主義の特徴だからだ。しかし、彼らは口先で「多様性」「少数者の擁護」を口にしながら「リベラル」を自称している。だが、その正体は自らとは異なる意見を否定する極めて全体主義的人間なのである。「リベラル」を騙《かた》り、「多様性を守る」「少数者の権利を擁護せよ」と唱える彼らの本性は「偽善者」であり、極めて利己的で党派的な人々なのである。

もう一つの実例を挙げてみよう。

新しい時代の元号が「令和」と決まったとき、多くの国民がこれを歓迎した。だが、「リベラル」の中には元号を使用することを嫌悪する人々も少なくなかった。

その代表的な事例として、社民党の又市征治《またいちせいじ》党首の声明を確認しておきたい。又市氏は指摘する。

「そもそも元号とは、古代中国において、帝王が時間を支配することを目的として作られたものであり、本来的に非民主的な制度です。今日、元号の本家である中国においては、公暦として西暦を採用しています。元号制をとっているのは日本だけです」

日本の元号が極めて非民主的な制度であると非難したうえで、元号制をとっているのは日本だけだと非難しているのだ。元号を廃止して西暦を採用するのが当然だという主張である。

だが、ちょっと待ってほしい。

リベラルは多様性を擁護する立場にあるのではなかったか？

少数者の権利を擁護する立場にあるのではなかったか？

全世界の六十億人という人間の中で、日本国民はわずか一億二千万人にすぎない。文字通りのマイノリティーではないか。このマイノリティーが極めて稀有な時の刻み方をするのが元号というものだ。あらゆることにおいて多様性を尊重せよという人々が日本国民、日本国の極めて独自な時の刻み方を否定するのはおかしなことではないのだろうか。アイヌの権利を擁護せよと叫ぶのであるならば、世界の潮流の中で消え去ろうとしつつある元号を擁護せよと叫ぶべきではないのか。

また、元号が「帝王が時間を支配することを目的として作られたもの」だと批判するのならば、日本人の多くとはかかわりを持たない一宗教の人物の生誕を基準とする西暦に対しても批判の声を上げるのが当然ではないだろうか。「天皇が時を支配するのはけしからん」と言いがかりをつけるのであれば、「一宗教の偉人が時を支配するのはけしからん」と批判の声を上げてしかるべきだと思うのだ。それでこそ論理的一貫性が保たれるというものだ。

結局のところ、「リベラル」を自称する彼らは、本当の意味で少数者の権利を擁護するつもりもなければ、多様性を認めるつもりもない。日本や日本国民を攻撃できると思った瞬間にマイノリティーを擁護するポーズを取ってみせたり、多様性を守る芝居をしてみせたりしているだけの話にすぎない。彼らは煎じ詰めれば日本を呪詛《じゅそ》する人々であり、「リベラル」の仮面を被《かぶ》った偽善者にほかならないのである。

本書では「リベラル」を騙る偽善者の正体を白日の下に曝《さら》け出した。扱うテーマは移民問題や死刑制度の問題など多岐にわたるが、一貫しているのは偽善者の正体を論理的に暴露することである。これからの日本を考える一助になれば幸いである。

令和元年　五月一日

新時代の日本が強く美しい国であることを祈念しつつ

岩田《いわた》　温《あつし》

偽善者の見破り方　目次

## 第二章 メディアの偽善を斬る



## 第三章 「憲法改正」ニュースのおかしな議論



## 第四章 「安倍政治」ニュースのおかしな議論

## 第六章 「国際関係」ニュースのおかしな議論

## 第七章　「イデオロギー」という名の偽善を斬る

第一章

# 政治家、評論家の偽善を斬る

# 悪夢の民主党政権の始まり「鳩山由紀夫」氏の政治思想

## 本当に「馬鹿」で「愚か」なのか

こんな人が総理大臣を務めていたのが奇跡のように思われる。総理大臣としての行動、その後の奇妙な行動の数々を見ていると眩暈《めまい》がしそうになる。

そもそも総理大臣としての評判が甚だ悪い政治家だった。鳩山由紀夫《はとやまゆきお》元総理のことである。

鳩山元総理を酷評するコメントはあまりにも多いが、次の二つは有名だろう。

「東大出身のはずなんだけど、相当に頭が悪い」　（与謝野馨《よさのかおる》）

「不運でいよいよ愚かな日本の総理」　（ワシントン・ポスト紙）

これらの指摘に「確かに……」とうなずいた日本国民も少なくなかったようだが、やはり一国の総理大臣に対する批判としては少々下品だし、「馬鹿」や「愚か」という罵倒の根拠が薄弱であるように思われる。

果たして鳩山元総理は「馬鹿」で「愚か」であるのか。また、まったくの無定見な政治家といえるのであろうか。「何を当たり前のことを」と思う読者も多いだろうが、さしあたりの先入観を取り去って、政治家・鳩山由紀夫氏（以下、鳩山氏）の思想と行動を問い直し、政治家とは何かを考えてみようというのが小論の趣旨である。

まず私は「解釈は批判に先立つ」という原点に返り、鳩山氏の全著作を読破してみた。雑誌論文や雑誌のインタビュー記事、対談等も手に入る限りは読んでみた。かなり時間と労力のかかる作業ではあるが、それなりに有意義なものであった。

さて、「馬鹿」だの「愚か」だのという言葉の根拠が不明確なのは明らかだが、仮に「馬鹿」や「愚か」を「学力が低いこと」と定義するのなら、鳩山氏は「馬鹿」でも「愚か」でもない。周知のように鳩山氏は東京大学工学部を卒業後、スタンフォード大学に留学し、帰国後に大学で教鞭《きょうべん》をとり、一九八六年に政治家へと転身する。彼の学者時代に執筆した論文を入手し、目を通してみたが、文系の当方にはまったく手に負いかねる代物であり、専門性の高い論文であった。鳩山氏を低学力であるがゆえに「馬鹿」なり「愚か」であるとすることはできない。

## 鳩山由紀夫氏の政治思想

鳩山氏とはいかなる政治家なのか。早速その分析に取りかかることにしたいが、第一に取り上げるべきは彼の「友愛」思想についてだろう。

祖父鳩山一郎《いちろう》も掲げた「友愛」とは、いかなる思想なのだろうか。

「友愛」という言葉だと想像しづらいが、この「友愛」はフランス語の fraternité であり、「博愛」と訳される場合が多い。フランス革命の際のスローガン「自由・平等・博愛」の「博愛」こそが鳩山一郎の掲げる「友愛」の意味するところなのである。

この「友愛」思想はEU（欧州連合）の生みの親とされるリヒャルト・クーデンホーフ＝カレルギーの思想に端を発するものだ。カレルギーは汎ヨーロッパ主義を掲げたオーストリアの思想家だが、鳩山氏の祖父である鳩山一郎はカレルギーの翻訳者でもあった。『自由と人生』（乾元社《けんげんしゃ》、一九五三年）において鳩山一郎は「fraternité」を「友愛」と訳出した。鳩山一郎はカレルギーの本を翻訳するだけでなく、「友愛」を自らの政治信条としたことでも知られる。

鳩山一郎の孫にあたる鳩山由紀夫氏は、「友愛」思想は過去の消え去ったスローガンではなく、現代的意義を有する思想だと考えている。

鳩山氏は二十世紀を自由原理と平等原理とが相互に戦い合った時代であったとみなす。すなわち、一方には個人の自由を至上価値とみなし、社会のすべてに市場原理を貫徹させようとして放縦に陥る資本主義が存在し、他方には人間の平等を至上価値とみなし、個人の自由を圧殺し、画一的な平等を実現しようとして全体主義体制に陥る共産主義が存在した。自由であれ、平等であれ、極端に走れば危険なイデオロギーに陥るのは明白だろう。

鳩山氏は自由と平等の二つのイデオロギーが衝突した時代として二十世紀を把握する。資本主義と共産主義との対立を自由と平等の価値観の衝突と解釈するのだ。そのうえで自由と平等のそれぞれの長所を生かし、短所を改めるためにカレルギーの「友愛」に着目する。「友愛が伴わなければ、自由は無政府状態の混乱を招き、平等は暴政を招く」と主張したカレルギーの思想に共感しているのだ。自由も平等も全面的に否定するのではなく、それぞれの欠陥を「友愛」によって補えばよいというのだ。そして鳩山氏は「友愛」の核心を「自立と共生」と解釈する。自由原理主義、平等原理主義ではなく、「自立と共生」こそが来るべき時代の基本理念でなくてはならないというのが鳩山氏の主張だ。

なお、「自立と共生」の理念は、単に個人のあり方を指すのみならず、国家のあり方そのものをも指し示す理念だという。従って鳩山氏は自らを「自立と共生」の哲学に基づいた「友愛社会」を建設するための改革者と位置づけている。

それでは現在の日本において「自立と共生」の哲学は確立されているのであろうか。鳩山氏は否と言う。個人の生き方は官僚に依存し、国家の外交安保はアメリカに依存しており、日本国民も日本国家も真の独立状態にはないと指摘している。

## 目指すのは「自立と共生」

それでは、具体的に鳩山氏は何を、どのように改めろと主張しているのだろうか。まずは国内政治について見てみよう。

戦後の自民党が作り上げたシステムとは、中央に権限と財源を集中させ、地方に分配するという中央集権体制にほかならなかった。言うまでもなくこうしたシステムを構築した代表的存在が田中角栄《たなかかくえい》である。鳩山氏に従えば、こうした中央集権的なシステムは当初有効に機能していたが、現在では環境破壊、財政破綻、政治腐敗を生み出しているという。

これらの危機から脱するためには中央集権的なシステムから地域主権システムへの移行が不可欠だと鳩山氏は主張する。中央集権によって肥大化した政官業の癒着を断ち切り、政治主導のシステムを確立することが急務だというのだ。

そして、地域主権国家樹立の暁には、従来のごとく国民は官に依存するだけでなく、積極的に政治に関与していくことになる。その際に重要になってくるのが「補完性の原理」なのだという。

「補完性の原理」とは次のようなシステムを成立させる原理である。最初は最小限の個人から出発し、個人ができることはすべて個人で行い（自立）、個人の手に余る問題を家庭で解決する。同様に家庭の手に余る問題は地域やＮＰＯ（非営利団体）へ、地域の手に余る問題は地方行政へ、地方行政の手に余る問題は国家へ、そして国家の手に余る問題は国際機構へ……と個人の自立と共生が補い合って発展していくという過程の根底をなす原理を、鳩山氏は「補完性の原理」と呼ぶのだ。

外交、安全保障についての鳩山氏の見解も「自立と共生」の友愛思想を根底に置いている。

戦後日本外交の基本方針はいわゆる吉田《よしだ》ドクトリンであった。日本は国家の自立の問題を問うことを避け、憲法第九条を盾にアメリカへの追従に終始し、自国の防衛問題を真剣に問うことなく経済活動に従事してきた。

こうした日本は真の意味で自立していないと鳩山氏は指摘する。そして「日米同盟は基調としながらも、日本に米国の軍隊が未来永劫《えいごう》駐留し続けるのを当然のことと考えてはいけない。米国にもはっきりと主張しなければ、日本としての誇りを失い、独立国とみなされない」(「自民党倒幕に向け、死闘に挑む――わが政権構想」『中央公論』二〇〇二年九月号、五〇頁)とまで言い切っている。また、かつては「『常時駐留なき安保』への転換を図るべき」とも提言している(「民主党 私の政権構想」『文藝春秋《ぶんげいしゅんじゅう》』一九九六年十一月号、一二六頁)。

アメリカへの追従をやめ、日本が自立した暁に東アジア共同体の創造を目指すべきだというのが鳩山氏の外交哲学である。鳩山氏の外交における「自立と共生」とは、具体的には日米安保体制の弱体化と東アジア共同体を模索する動きを指す。

国家の内外において「自立と共生」を基調とする「友愛」社会を建設することが鳩山氏の悲願であると考えてよいだろう。

## 鳩山氏における「日本」の不在

さて、長々と鳩山氏の政治思想の紹介に努めてきたが、その検討へと移りたい。独自の「友愛」哲学に基づいた鳩山氏を従来の社会党(現・社民党)や共産党と同じような意味合いで「左翼」と呼ぶべきではなかろう。本人も共産主義への反対を表明しており、何よりも彼らが金科玉条の如《ごと》くに繰り返していた「護憲」に対して極めて批判的な人物だからである。鳩山氏は『新憲法試案』（ＰＨＰ研究所、二〇〇五年）を自らまとめ上げ、現行の日本国憲法を大きく改める必要性を訴えている。

それでは、鳩山氏は日本の舵取《かじと》りを任せるべき政治家と言えるのであろうか。

私は否と言わざるをえない。

鳩山氏には日本の政治家として最も大切な部分が欠如していると痛感するからである。ほとんどの著作を通じて鳩山氏から日本への愛情を感じることができないのである。我が国の歴史と伝統の重みを体感するという政治家としての当然の心構えがないのだ。

例えば、菅直人《かんなおと》氏との対談の中で鳩山氏は友愛について次のように語っている。

それは、「地球市民」の立場から「自立と共生の社会」というものを、世界に向けて発信することです。

（『民益論』ＰＨＰ研究所、一九九七年、九一頁）

## 宇宙人・鳩山由紀夫氏

また別の雑誌では、自らのことを「地球人らしくなった」と語る対談者にこう語っている。

それは困りましたね…宇宙人という言葉はけっして悪い言葉だとは思っていなかったから（笑）。地球規模を越えた発想をもつ、少なくとも日本列島から離れて地球全体を見渡すためには、宇宙からの意識をもたなきゃいけないということです。しかし、民主党をいかに、より国民に認められる政党に脱皮させるかを考えると、地に足のついた伝統というものも重視しなければならないと思っています。

（『Voice』二〇〇〇年三月号、二〇五頁）

信じがたい発言と言わざるをえない。鳩山氏は宇宙的感性こそが肝心であり、日本の伝統とはあくまで選挙対策として取り組む必要があるといった程度の認識しか持ち合わせていないのだ。この発言が冗談ならば、あまり面白くもない不気味な冗談程度の話で済むが、ほかでも宇宙人としての自己認識を語っている。

私は「宇宙人」と呼ばれることがあります。どんな意味合いでそう呼ばれるかは別として、私は私なりの解釈でむしろ喜んでいます。（中略）宇宙意識の中で、より先見性を持って行動したいと思っている人間が宇宙人だと考えると、この呼び名は大変光栄なことだと、自分で勝手に自らを勇気づけています。

（『成長の限界に学ぶ　Ａ・ペッチェイ　21世紀への行動指針』小学館《しょうがくかん》、二〇〇〇年、一二二頁）

別に宇宙人だと自己認識することが悪いことであるとは言わないが、日本の政治家としては不適切だと言わざるをえないだろう。各国がそれぞれの国益を追求して熾烈《しれつ》な争いを展開している中で、日本の国益を追求すべき総理大臣が、日本人である前に宇宙人であることを誇っているのだ。これでは日本が国際競争に勝ち残っていけるはずがないではないか。

そういう国家に囚《とら》われた思考そのものが古いのだと言われるだろうが、宇宙意識に目覚めていない私としては、少なくとも自らの祖国日本が末永く続いてほしいと願っている。地球規模、宇宙規模で考えれば、確かに日本一国の消滅など大きな問題ではないのかもしれないが、日本人の私としては日本の永続と発展を何よりも望んでいる。多くの日本人も同じ気持ちであろう。宇宙意識に目覚めた人々から見れば、矮小《わいしょう》な自己意識に執着しているように思われるかもしれないが、少なくとも政治家とは祖国の発展と永続を望む存在でなければならない。

## 外国人参政権に見る宇宙意識

国家意識の欠如、主権意識の欠如、日本への愛着の欠如……。要するに日本の政治家として欠かせないはずの意識が鳩山氏からはまったく欠如しているのだ。そうした欠如が露骨に表れたのが外国人参政権問題に関する鳩山氏の認識である。

参政権は地方参政権のみならず、国政に関しても外国人に付与すべきであるというのが鳩山氏の立場だ。「わがリベラル・友愛革命」（『Ronza』一九九六年六月号）において、鳩山氏は宇宙人的な感性を披露しながら国家意識を否定する。

スペースシャトル「エンデバー号」で宇宙を飛んだ若田光一《わかたこういち》飛行士は（中略）地図には国境があるが、実際の地球には国境が存在しないということを、どのように実感したであろうか。宇宙意識に目覚めつつあるこの時代に、国とは何なのか、私たちは何のために生きているのかを、いま一度考え直してみるべきではないか、政治の役割をいま見つめ直す必要があるのではないかと思う。（四二頁）

宇宙意識に目覚めつつある時代であるがゆえに、旧来の国境などにこだわるべきではないというのだ。人間であれば誰にでも参政権を与えてしまえという鳩山氏の宇宙的感覚が露《あら》わにされている。そこには国家意識が皆無である。

日本の政治家であるならば、宇宙意識に目覚める前に日本人としての国家意識に目覚めるべきではないのか。国籍の重み、主権国家の意義、祖国の来歴に思いを馳《は》せるべきではないのか。

鳩山氏が一人の学者としてこうした宇宙意識から政治に関心を持ち、様々な提案をするのは結構なことであろう。思想信条の自由を踏みにじるつもりはまったくない。だが、政治家が国家意識ではなく「宇宙意識」に基づいた政治行動をすることは、日本にとって害悪以外の何ももたらさない。なぜなら、「宇宙意識」などまるで持ち合わせず、各々熾烈な生存競争を繰り広げているのが国際社会の現実だからだ。日本のみが宇宙意識に目覚め、「地球市民」として振る舞ったところで、それは日本の自滅を意味するだけで、地球も日本国家も救えない。
鳩山氏は個人としては「いい人」なのであろう。学者としても決して資質に欠けた人物だとは思わない。確かに「馬鹿」でも「愚か」でもない。しかし、政治家にだけはなってはならない人物である。国家概念を否定し、宇宙意識の重要性を語る鳩山氏は、世界の常識的な政治家から見れば「偽善者」以外の何ものでもないだろう。

［初出］　鳩山由紀夫の「政治思想」考（撃論ムック Vol.26『民主党政権崩壊へ 日本の混迷、没落を許す国民に未来はあるのか?』オークラ出版、二〇一〇年六月）

## 「バリバリの保守」だと詐称する蓮舫氏

### 何をしたいのか迷走する野党

野党に対する支持率が一向に上がらない。テレビでは連日のように安倍《あべ》政権への批判が喧《かまびす》しいが、野党を支持する国民が増えることはない。どれほど安倍政権が批判されようとも、「民主党政権よりはマシ」と言われてしまえば、納得してしまう人がほとんどだからではないだろうか。

今振り返ってみれば、民主党が政権交代を実現したのは、「政権交代」という四文字を掲げた政党に国民が期待を寄せたからにほかならなかった。「政権交代」こそが旧民主党の目標であり、悲願であり、そのすべてであったと言っても過言ではない。政権交代以前の民主党は、「一度は自民党以外の政党に我が国の舵取りを任せてみたい」という漠然とした、そして無責任な国民の思いに応えていた政党であったといってもよい。だが、民主党の目標であり、悲願であり、すべてであった「政権交代」は、総選挙で勝利し、政権与党となった途端に、実現されてしまった。この瞬間から民主党は目指すべき目標を失ってしまったのだ。人生の夢が実現してしまったという男が、これからの生涯の指針を見出せずニヒリズムに陥るように、何をしたらよいのかわからないような状況に陥ってしまったのが、民主党政権の真実にほかならなかった。

彼らは目指すべき目的も理念も、そして現実感覚すらないままに右往左往し、時の経過とともに混乱を極めていった。当初は淡い期待を寄せた国民も、「政権交代」それ自身には何の意味もなかったという当然の事実に気づき、この「政権交代」だけを目的とした民主党政権に失望していった。民主主義社会における民意は移ろいやすく、残酷なものだ。愚かで政権担当能力に乏しい民主党政権を誕生させた国民が、この政権を蛇蝎《だかつ》の如く嫌悪するようになったのだ。

国民の期待を裏切り、没落した野党勢力がなすべきなのは、自らの明確な理念、目標を掲げることだ。かつての社会党を髣髴《ほうふつ》させるような態度で安全保障政策を語ることが野党の役割ではないはずだ。安倍政権が集団的自衛権の一部を行使容認した際に、彼らは絶叫した。「立憲主義を破壊する」「徴兵制が敷かれる」等々。野党勢力の過激な言説は、確かに一部の極端なイデオロギー信奉者を熱狂させたかもしれない。だが、多くの国民は、こうした過激な言説を繰り返す政党、知識人に期待を寄せなかったし、そうした熱狂を冷ややかに眺めていた。国民が望んだのは過激で極端なスローガンではなかった。

国民の方が成熟していたのだ。

## 軽々しい意味になった「保守」

一体、野党勢力は何を目標としているのだろうか。その混迷ぶりを知るために、二〇一六年に実施された民進党の代表選挙を思い返してみよう。このときには、蓮舫《れんほう》、前原誠司《まえはらせいじ》、玉木雄一郎《たまきゆういちろう》の三氏が出馬した。実に興味深かったのは、それぞれが自分こそが「保守」だと喧伝《けんでん》していたことだ。

「私はバリバリの保守ですよ。みんな間違っているけど。野田佳彦《のだよしひこ》前首相並みの保守ですよ」（蓮舫氏）

「良識的な保守層を取らなければ政権交代できない」（前原氏）

「リベラルで穏健な保守の理念を、民進党の中心的な価値として掲げ、国民のもう一つの選択肢を作りたい」（玉木氏）

こうした無責任でデタラメな発言に呆《あき》れ返ってしまった人も多いのではないのだろうか。例えば、仮に蓮舫氏が「バリバリの保守」だとしたら、彼女と正反対の政治思想を抱く私は「急進的なリベラル」ということになるのだろうか。馬鹿馬鹿しくて話にならない。

共産党と選挙協力を辞さないと主張する人々が「保守」を標榜《ひょうぼう》するのは、国民を欺く言説にほかならない。

二十世紀、共産主義者は理想国家の建設を目指して、数々の革命を起こした。共産主義者は過去の伝統、文化を忌むべき、否定すべき存在とみなし、まったくの新しい理想国家を建設しようと試みた。

だが、理想国家、理想社会を建設した共産主義国家は皆無だった。理想国家ではなく、恐るべき全体主義国家を生み出したのが共産主義革命だった。国民の自由を圧殺し、無辜《むこ》の国民を大量に殺戮《さつりく》した共産主義国家とは、人類の憎むべき敵にほかならなかった。こうした二十世紀の悲しい現実から目を背け、いまだに共産主義社会の実現を夢想する人々と手を握る人々が、伝統や国柄を尊重する「保守」を自称するのは、明らかな詐称である。

## 明確な思想やビジョンがない

彼らを「保守」とは呼べないのは明らかだろうが、検討してみる必要があるのは、なぜ、彼らは「保守」を詐称したのかという点である。様々な理由が考えられるが、一番の問題点は自分たちの拠《よ》って立つべきリベラリズムが明らかではないからだろう。旧来の「リベラル」思想に自信が持てないこと、自身の明確なビジョンが持てないからこそ「保守」を詐称したのであろう。

だが、彼らがなすべきなのは「保守」を詐称することではなかったはずだ。二十一世紀のリベラリズムとはいかにあるべきかを堂々と語るべきであった。

野党勢力に必要なのは、自民党のスキャンダル探しに血道を上げることではなく、自民党との理念の差異を明確にすることだ。自民党と野党では目指すべき社会がどのように異なるのかを明確にすべきだろう。自分たち自身が「保守」ではなく「リベラル」である根拠、その意義を堂々と主張すべきであろう。かつての社会党のように現実感覚を完全に喪失したかのような安全保障政策を語るのではなく、常識に基づいた安全保障政策を語りながら、自らの信じる「リベラリズム」の意義を語ればよい。また、その一方で、野党勢力があくまで共産党とは異なる点も強調すべきであろう。共産主義を信奉する共産党とその他の野党の差異がどこにあるのかを明確に打ち出すべきだ。彼らは「保守」でも「共産主義」でもない「リベラリズム」を語るべきなのだ。

私自身は紛れもなく「保守」の一人だが、我が国に現実的な「リベラル」が存在することを望む一人でもある。なぜなら、「保守」政党だけが政権を担当し続けると、残念ながら腐敗も生じるからである。

かつて岸信介《きしのぶすけ》元総理は次のように語ったことがある。

長く政権の座にあるために、自民党は、政治的に改革を要することをやりえない。一度は野に下ることが、政党の浄化のうえから必要だと思います。自民党が改めなければならないところが改革できない、これが今日、私として、残念でならない。
（読売《よみうり》新聞政治部『権力の中枢が語る自民党三十年』読売新聞社、一九八五年、二〇頁）

確かに、自民党だけが政権を担い続けることには問題がある。だが、現在の野党に政権を任せるのは危険以外の何ものでもない。それが国民の常識的な判断だ。

野党勢力に求められているのは、「保守」を詐称することではない。リアリズムを内に含むリベラリズムを構築し、自民党に代わりうる政党へと変化することだ。

［初出］　なぜ蓮舫氏は「バリバリの保守」を詐称したのか（『iRONNA』二〇一六年九月十五日）

# いきなり脱原発を言い出しても不思議ではない「変人」小泉純一郎氏

## 田中眞紀子氏と山﨑拓氏に変人呼ばわり

一九九八年、橋本《はしもと》内閣が参議院選挙で過半数割れの大敗北を喫し、退陣のやむなきに至った。この直後に自民党総裁選挙が実施され、三名の政治家が名乗りを上げた。小渕恵三《おぶちけいぞう》、梶山静六《かじやませいろく》、小泉純一郎《こいずみじゅんいちろう》の三氏である。

毒舌で知られる田中眞紀子《たなかまきこ》氏は彼らを「凡人、軍人、変人」と評した。人のよさそうな小渕恵三は、いかにも「凡人」に見えたし、梶山静六は陸軍航空士官学校を卒業していた。そして、一匹狼《いっぴきおおかみ》の小泉純一郎氏は、いかにも「変人」のように思われた。今とは違い国民に人気のあった田中眞紀子氏の歯切れのいい月旦評にマスコミは飛びつき、「凡人、軍人、変人」は、この年の流行語大賞にも選ばれた。

小渕恵三という政治家が「凡人」と斬って捨てられるほど凡庸な政治家であったと断定するのはいささか軽率だと思うが、小泉純一郎氏を「変人」と指摘したのは正鵠《せいこく》を射ていたと言ってよいだろう。田中眞紀子氏であっても、時として正しいことを言うことがあるのは、驚くべきことかもしれない。街角の詐欺まがいの占い師であっても、一生に一度くらいは正確に未来を占うものなのだろう。

小泉氏が「変人」と評されたのは、このときが初めてではない。一九九一年、加藤紘一《かとうこういち》氏が山﨑拓《やまさきたく》氏に声をかけ、経世会《けいせいかい》（竹下派《たけしたは》）打倒を目的とする派閥横断的なグループを作ろうとした。このとき、当選同期の清和会《せいわかい》の政治家は小泉氏しかいなかった。小泉氏に声をかけようとする加藤氏に対して、山﨑氏は言った。「小泉はエキセントリックな男だから、話が合わないよ」。すると、加藤氏はこの話を直接小泉氏に伝え、その後、山﨑氏にこう言った。

本人に「君はエキセントリックだと拓さんが言っているが本当か」と聞いたら、小泉は「そうだよ、俺はエキセントリックだよ」と言った。面白い男だ。ぜひ仲間にしよう。
（山﨑拓『ＹＫＫ秘録』講談社《こうだんしゃ》、二〇一六年、三〇頁）

自他ともに認める〝変人〟として有名だったのだろう。

小泉氏の「変人」ぶりを伝える逸話は多いが、私自身が驚いた国会答弁を紹介しておきたい。野党の岡田克也《おかだかつや》氏が小泉氏の過去の厚生年金の加入について追及した。勤務実態がないにもかかわらず、会社員が加入する厚生年金に加入していたのは問題があるのではないかと問い質《ただ》したのだ。

小泉氏、答えていわく。

「人生いろいろ、会社もいろいろ、社員もいろいろです」

島倉千代子《しまくらちよこ》の「人生いろいろ」をもじった冗談のような答弁だ。何も答えになっていないのだが、どこか面白い答えになっている。時に「原理主義者」とも評されるほど真面目な岡田氏は面食らってしまったのではないだろうか。人を食った奇妙な答弁だった。

この問題にはさらに続きがある。後日、他の議員が小泉氏の年金問題を追及した際、小泉氏は当時の社長がいかに太っ腹でいい人であったかをしみじみと語った。落選して身の振り方に悩んでいた小泉氏に、君の仕事は次の選挙で当選することだ、頑張れと励ましてくれたというのだ。そして、小泉氏はさらに続けた。

「そういう非常にいい方の支援の上に私の今日があるんだなと、今でもそれを思うと感謝しております。私は、総理を辞めたらその会社の社長さんのお墓参りをしたいと思っているんです。本当に有り難い方でした」

確かに、勤務実態がなかったにもかかわらず、厚生年金に加入していた点は批判されて然《しか》るべきだろう。だが、それ以上に、若い政治家を応援してくれる寛大な社長が存在したこと、そして、その社長を懐かしむ小泉氏の答弁を聞いていると、古きよき時代の逸話のように思えてくるのだ。

だが、調べてみると、かつて小泉氏を応援していたという会社の社長は他界しておらず、当時、お墓参りなどできる状況にはなかったのだ。それほどお世話になった社長だと国会で答弁しておきながら、実際にその健在ぶりすら知らなかったというのだから、やはり常人ではない。「変人」との表現が適切だろう。

## 小選挙区制のおかげで権力を手中に

よくも悪くも小泉氏が政治家としていかんなくその「変人」ぶりを発揮したのは、郵政民営化を断行する際の解散総選挙であった。従来の自民党の総務会は全会一致が原則だったが、この郵政法案は総務会の多数決で決定された。自民党の従来の慣習が破られた瞬間であった。

その後、参議院において郵政民営化法案が否決されると、衆議院を解散し、総選挙に突入。何とか党内の融和を図ろうとした森喜朗《もりよしろう》氏に対し、「俺は非情だ。殺されてもいい。それくらいの気構えでやっている」と決意を示した。結局、郵政民営化に反対する政治家は自民党から公認せず、逆に選挙区には刺客を送り込んだ。東京都知事・小池百合子《こいけゆりこ》氏も当時は小泉氏の刺客として送り込まれた一人であった。結果として小泉氏は大勝を収め、自らの「抵抗勢力」の一掃に成功した。

「自民党をぶっ壊す」とまで言ってのけた小泉総理が「変人」であったのは確かであろうが、

彼は戦略、戦術なきただの「変人」ではなかった。自分自身の目的である郵政民営化に向けて、可能な限りの策を練った。何よりも小泉氏は眼前の政治制度を十分に活用できる政治家だった。

言うまでもなく、小泉氏は従来の自民党の指導者たちとは異なる類いの指導者だった。従来の自民党の指導者の特徴は、次の竹下登《のぼる》の言葉に端的に表されているだろう。

要するに、私たちは「おれについてこい」型のリーダーではなく、現実をみつめながら調和を探っていく型の政治家なのである。

（『証言保守政権』読売新聞社、一九九一年、一七四頁）

郵政民営化を目指し、「おれについてこい」と命じた小泉純一郎氏は、間違いなく従来の指導者とは異なる指導者であった。しかし、彼がこうしたリーダーシップを発揮できたのは、彼の能力だけの問題ではない。当時の政治制度が小泉氏にとって有利な制度になっていたことを見逃してはならない。政治を論ずる際、政治家の能力を無視して制度論だけで論ずるのは愚かだが、同様に、政治制度を無視して、政治家の力量だけですべてを論じようとするのも愚かである。

小泉氏は小沢一郎《おざわいちろう》氏が導入した小選挙区制度を誰よりも活用した政治家の一人なのである。かつて小泉氏は小選挙区制度の導入に批判的で、小選挙区制度の欠陥について、次のように指摘したことがある。

もし小選挙区なり、派閥がなくなったとしたら、権力者の総理とか幹事長の側近政治になるよ。吉田時代のように、総理の眼鏡にかなった者しか重用しない、総理ににらまれたらずっと冷や飯という側近政治になる。

（『週刊東洋経済』一九九二年三月二十一日号、一五五頁）

小泉氏は小選挙区制度における解散権、そして、選挙における公認権が政治家の生死を分かつほどの巨大な権力の源泉であることを誰よりも熟知した政治家であった。彼は幹事長に「偉大なるイエスマン」と自称する武部勤《たけべつとむ》氏を指名して裏切られない体制を構築し、絶大な権力を行使して、政敵を圧倒した。

昨今、「変人」小泉氏はさらなる「変人」ぶりを発揮している。「脱原発」にのめり込み、かつての政敵小沢一郎氏と手を結ぼうとしているのだ。かつて反経世会の旗手であった小泉氏が、経世会の寵児《ちょうじ》であった小沢氏と手を組み、「脱原発」で新たな潮流を作り上げようとしているわけだ。小泉氏は言う。

「人間は考え方が変わる。私は総理時代は原発が必要だと言ってきた。辞めてから原発ゼロを主張している」

## 努力家の息子・進次郎氏

権力の座にあった「変人」は、政治制度の中からカードを見つけ出し、政敵を圧倒した。だが、権力から遠のいた「変人」の発言は、ただの「変人」の発言でしかない。政治家を辞めた人間が「政局」を作り出すことは困難だろう。安倍政権批判、脱原発発言を繰り返しているが、残念ながら無責任なおかしな老人の放言としか聞こえないのが正直なところだ。

一方、小泉純一郎氏の息子、進次郎《しんじろう》氏が注目されている。圧倒的な人気を誇る政治家であり、閣僚未経験の若手政治家といえども、その影響力の大きさは、多くの閣僚をしのぐと言っても過言ではあるまい。小泉進次郎氏とはいかなる政治家なのか。人気の源の一つが外見のよさであることは確かだが、進次郎氏はただの二枚目の政治家というわけではない。覚悟と努力、先見性を併せ持った自民党の中では稀有な若手政治家の一人である。

小泉純一郎氏の地盤を引き継いだ進次郎氏は紛れもない世襲議員である。しかも、彼は「二世議員」ではなく、曽祖父、祖父までが政治家という「四世議員」なのである。世襲議員であるという事実を否定することはできないが、進次郎氏は初めて選挙に挑戦した際、自らに大きな制約を課している。公明党への推薦願を出さず、比例代表との重複立候補をせず、さらに父親である小泉純一郎氏の支援を受けなかった。もちろん、父の地盤が堅固だとの声もあろう。

だが、進次郎氏が出馬したのは二〇〇九年の総選挙であり、民主党が政権交代を実現した総選挙であったことを閑却すべきではない。このとき自民党の新人で当選したのはわずかに四名。

文字通り大変厳しい選挙だったことは間違いない。こうした選挙の中、自らに厳しい制約を課して当選した進次郎氏から、政治家としての矜持《きょうじ》と覚悟を感じることができる。

進次郎氏は演説がうまいことでも有名だ。タレント並みの人気を誇るが、実際に演説を聞いてみると、よく練られている。冒頭、ご当地の方言で挨拶をして親近感を抱かせる手法はよく知られているが、彼の演説のうまさはそれだけではない。

例えば、二〇一二年十二月三日に北海道函館《はこだて》を訪問した際の演説だ。進次郎氏が応援に駆けつける二日前、当時総理大臣だった野田佳彦氏が函館入りし、イカ釣りのパフォーマンスをしたことを揶揄《やゆ》しながら、次のように語った。

三年前の選挙で、（民主党は）イカサマで人をつったんです。だけど、民主党はイカじゃなくて、タコの集まりなんです。八本足のタコじゃありません。お正月に揚げる凧《たこ》なんです。そのココロは、風がないと沈んじゃうんです。自力では飛べないんです。

（常井健一《つねいけんいち》『小泉進次郎の闘う言葉』文春《ぶんしゅん》新書、二〇一三年、二〇頁）

なかなか面白いことを言うと思っていたが、常井氏によると、この凧の冗談のネタ元は司馬《しば》遼太郎《りょうたろう》の『燃えよ剣』（新潮《しんちょう》文庫、一九七二年）にあるという。実際に『燃えよ剣』を確認してみると、土方歳三《ひじかたとしぞう》が近藤勇《こんどういさみ》に愛想を尽かした場面で次のような記述がある。

情勢が自分に非になり、足もとが崩れはじめてくると、近藤は実力以下の人間になる。(凧《たこ》のようなものだ。順風ならば、風にもちあげられ自分も風に乗り、おだてに乗り、どこまでもあがってゆく大凧だが、しかし一転風がなくなれば地に舞いおちてしまう)

(下巻一三〇頁)

確かに風に乗るだけの凧では頼りにならぬことが指摘されているが、この記述を読んで民主党批判につなげるあたりに進次郎氏の才能と努力がある。面白い表現を自分の演説の中に取り込むために読書している政治家は珍しいのではないか。

読書について進次郎氏は次のように語っているという。

いろんなジャンルの本を読みますけど、常に考えていることは、自分の政治活動に何かプラスにならないかって、そればっかりなんですよね。たとえば演説にしても、自分のボキャブラリーはすごく貧しい。作家は日本語のプロみたいなもんですから、ぼくはそういう方々の書いた本を読んで、日本語の勉強をしているんです。

(向谷匡史《むかいだにただし》『進次郎メソッド』双葉社《ふたばしゃ》、二〇一七年、七六頁)

進次郎氏の人気の源の一つはその巧みな話術だが、彼はその話術を磨くために努力を積み重ねている。努力を継続するのは、才能の一つだと言ってよいだろう。

## 日本の将来のビジョンを示しつつも国家観が未知数

世襲政治家として非難されないだけの覚悟を示し、話が巧み。重要なことではあろうが、それだけでは、一流の政治家とは言えない。政治家として何をなさんとしているかを明らかにしてこそ、政治家の政治家たる所以《ゆえん》であろう。以前から、進次郎氏の人気が高いこと、そして、その人気の高さの背景については漠然と理解していたが、政治家としてのビジョンが見えてこなかった。

近年、進次郎氏は一気に政治家としてのビジョンを明確にし始めた。起点となったのが、二〇一六年二月に発足した「二〇二〇年以降の経済財政構想小委員会」だ。若手の議員が侃々《かんかん》諤々《がくがく》の議論を通じて、東京オリンピック以後の日本のあり方を模索した。この小委員会が発足したさらなる原点を探ってみると、二〇一五年十二月の補正予算案にまでさかのぼる。このとき、低所得の高齢者一人あたり三万円の給付が予算に計上された。この高齢者への給付に対する反発が進次郎氏、そして自民党の若手議員を動かした。

詳細は『人生100年時代の国家戦略』（藤沢烈《ふじさわれつ》、東洋経済新報社、二〇一七年）に譲るが、ここでの議論が興味深いのは、二〇二〇年以降を「日本の第二創業期」と捉え、大きな社会変革が必要だとの認識が示されている点である。

目先の話ではなく、規模の大きな話だ。戦後の日本で確立された「二十年学び、四十年働き、二十年休む」という人生設計がもはや時代と合致していない。従って、人生における一直線な

「レール」とは異なる生き方を前提とした社会のあり方を設計し直すべきと説くのだ。考えてみれば、避けがたい「人口減少」社会の中で、従来とは異なる制度が求められるのは当然だが、多くの政治家はそうした将来の話を避ける傾向が強い。まずは目先の景気が大切だとの認識によるものだろう。

確かに、目先の経済が重要なのは論を俟《ま》たないが、確実に到来する人口減少社会に対して、いかなるビジョンを提示するのかも重要な問題である。こうした問題に取り組む若手議員の議論を「青臭い」と感じる人々が多いのかもしれないが、私は高く評価したい。誰かが取り組まねばならない難題に取り組もうとする勇気は是とされるべきである。

こうした新しい改革を求める流れの中で、進次郎氏は国会改革についても提言した。森友《もりとも》、加計《かけ》問題の真相解明と称してスキャンダルの追及に終始した国会に嫌気が差している国民は少なくないはずだ。確かに野党がスキャンダルの追及に終始するのは見苦しい。だが、これは必ずしも野党の戦術にだけ問題があるわけでもない。

野党がそうした戦術に終始せざるをえない国会のあり方にこそ問題がある。このように与党でありながら、野党の立場を理解しながら国会改革を目指すのが進次郎氏流だ。こうした問題意識を持った超党派の国会議員が集まったのが「『平成のうちに』衆議院改革実現会議」だ。この会議では三つの提言を行った。すなわち、①党首討論の定例化・夜間開催の実現、②衆議院のIT化、③女性議員の妊娠・出産への対応の三点だ。

いずれの問題についても「平成のうちに」行うべきとの認識だ。二〇二〇年以降を視野に入れた進次郎の改革には大いに賛同する一人だが、一抹の不安が残るのも事実だ。二〇二〇年以降を「第二創業期」と位置づけるのは結構なのだが、「国の形(骨格)を変える」は次の一文から始まる。

人生百年時代に向けて、年齢も性別も国籍も関係なく、現状の社会制度にとらわれず、多様な働き方や生き方を選択できる社会をつくる。

年齢や性別は関係ないという部分は理解できるが、国籍までとらわれないとするのは問題ではないだろうか。日本は日本人だけのものではないと発言し、物議を醸したのが鳩山由紀夫だったが、この一文からは、これまでの日本のよき部分を次世代に継承していくという観点が欠落しているように思える。戦後日本の制度に様々な問題があるのは事実で、それらを抜本的に改革していくことは重要なことだ。しかしながら、日本が日本であり続けるための改革こそが求められているのであり、国籍など無関係な制度が求められているわけではない。

進次郎氏は人気も覚悟もあり、演説もうまく、努力家でもある。大いに期待しているが、一体どのような国家観を持った政治家なのかがいまだ見えてこない。進次郎氏が国家とは何かを熱く語る日を期待したい。

[初出] 小泉純一郎 昔 変人、いま脱原発の暴走老人(『WiLL』二〇一八年九月号)

# 自らの信念を語らない小泉進次郎氏

## 策士策に溺れる

派閥の領袖でもなく、大臣経験もない若手政治家の動向が、ここまで注目されたことがあっただろうか。今回の自民党総裁選では、小泉進次郎筆頭副幹事長がどちらの候補に投票するのかが、マスメディアで大きく注目されていた。劣勢と報じられていた石破茂《いしばしげる》元幹事長の陣営としては、圧倒的な知名度を誇る進次郎氏の支持を反転攻勢の起爆剤としたかったはずだ。

安倍晋三《しんぞう》総理の陣営としてみれば、石破陣営に進次郎氏が加わることを不安に感じていたことだろう。国民的な人気を誇る進次郎氏がどちらかの候補を支持した場合、地方票には大きな影響を与えた可能性があった。両陣営が、その動向をうかがうという意味で、進次郎氏はもはや大物政治家だといってよい。

結果として、進次郎氏は投票の直前になって石破氏を支持することを表明した。石破氏を支持することで安倍総理と一体化することは避け、かつ、総裁選に及ぼす影響を最小限にすることで安倍総理の怒りを買わないという賢い選択であったように思われる。この時点での支持表明によって、石破氏が優勢になったわけではなく、安倍陣営を心底から恐怖させるような事態にはならなかった。だが、この一見賢い選択は、裏目に出た可能性も否定できない。

石破陣営からすれば、「時期があまりに遅すぎる」という不満が残るであろうし、安倍陣営から見れば、「結局は敵陣営に回ってしまった」と失望感が残る。両陣営に不満を残す選択となってしまったのではないだろうか。なぜ、自分の投票先を言えないのか不思議に思った国民も存在するだろう。「策士、策に溺れる」との言葉を思い出さずにはいられなかった。あまりに賢すぎる選択は、卑劣に思われてしまう危険性と隣り合わせである。

もっとも、若い進次郎氏が、自らの投票先を明言したくない気持ちは理解できる。どちらを支持すると表明しても、どちらかの恨みを買うことになるからだ。厳しい選択を迫られ、気の毒だとも思う。だが、政治家の重要な仕事は、与えられた状況の中で「決断」することだ。そして、自らの「決断」を説明する言葉を持たねばならない。投票先を尋ねられ、返答する際の進次郎氏の言葉は、歯切れが悪かった。もう少し率直に自らの思うところを述べてもよかったのではないか。誰がどう見ても、進次郎氏は次世代の自民党を担う重要な政治家だ。既に、自身の投票先が総裁選の選挙結果を左右するほどの影響力を持っている。

小さな策を講ずるのではなく、率直に、誠実に自らの信念を述べてこそ、政治家としてさらなる飛躍があるのではないか。百術《ひゃくじゅつ》は一誠《いっせい》に如《し》かず。さらなる活躍を望みたい。

［初出］　日本の選択⑤　小泉進次郎氏「策士、策に溺れる」政治家の仕事は「決断」誠実に自らの信念を述べよ（『夕刊フジ』二〇一八年九月二十六日）

# 築地、豊洲移転問題で化けの皮が剥がれたポピュリスト・小池百合子氏

## 議会政治家としては一流ではない石原慎太郎氏

「人生で最も刺激を受けた本は何か」という質問がある。よく考えてみると、これはあまり本を読まない人が考える質問なのではないだろうか。なぜなら、真剣に読書する人は、何も刺激を受けないような本を読むほど暇人ではないだろうし、その刺激の大きさを比較することは不可能だとも思うからだ。私自身も、読書によって刺激を受け続けながら生きている。

私に影響を与えた本の一冊は、石原慎太郎《いしはらしんたろう》氏の『国家なる幻影』（文春文庫、二〇〇一年）という回想録だ。中学校三年生のときに購入し、高校入試の面接の待合時間に一所懸命読んだことを覚えている。

いささか早熟だった私にとって、この書物は実に刺激的だった。教科書や新聞で学ぶ「政治」とはまったく異なる政治という世界の裏側を垣間見《かいまみ》たようで、衝撃的だった。さらに、本書が魅力的だったのは、石原氏の独特な文体にあった。

例えば、こういう文章だ。

政治はその上っ面で話され書かれている言葉たちの態様とは実質関わりもないところに往々その本質を構え、虚構の上にさらに虚構を構え、虚構の内に虚構を許し、裏の裏は表だなどと信じている日本の大方の愚かで薄っぺらいメディアの触手の届かぬ深い陰で、しかしそれなりにヴィヴィッドに動いている。

（上巻一〇三頁）

何度も畳みかけるような長い一文だ。他の凡庸な物書きが、ダラダラと書き連ねる退屈な文章ではなく、非常にリズミカルで、かつ、論理的で迫力のある文章に魅惑されたのだ。インターネットが現在ほど普及されていなかった当時、石原氏の他の著作を買い集めるべく古書店を何軒もはしごしたことが懐かしい。

大学で政治学を学び、自分自身でも政治に関して様々な著作を読み漁《あさ》っていくうちに、政治家としての石原氏に疑問を感じ始めた。排ガス規制、東京オリンピック招致、東京マラソンの実現など、都知事としての功績は大きかったが、再び国政に舞い戻って以降の政治的判断には疑問を感じていた。とりわけ日本維新の会の分裂を避け切れず、「次世代の党」を立ち上げたことに不安を感じていた。小選挙区制度を採用している以上、選挙では巨大政党でなければ勝利できない。結局、衆議院選挙で次世代の党は壊滅的な大敗北を喫した。選挙の際には、比例候補の先頭ではなく、最後の候補者として登録するという不思議な選挙戦略にも驚いた。何よりも驚愕《きょうがく》したのは、大敗北を喫した後の政界引退の記者会見の石原氏の発言だった。

「欣快《きんかい》として、わりと晴れ晴れとした気持ちで政界を去れる」

これが多くの同志を死地に追いやった指導者の発言なのかと怒りを禁じえなかった。西田《にしだ》譲《ゆずる》氏や田沼隆志《たぬまたかし》氏など、若くて優秀な国会議員が落選した直後に、その大敗の責めを負うべき指導者が何を寝ぼけたことを言っているのか。

石原氏は基本的に議院内閣制の中で活躍する政治家ではなく、あくまで大統領制のような制度の中で活躍できる政治家だった。指導者としての資質には優れていたが、離合集散を繰り返す国会議員を束ねる力量には欠けた政治家だったと言ってよいだろう。

私は、政界引退以降、石原氏の著作や記事はほとんど読まなかった。政治家として一流の政治家にはなりえなかった人物だと判断していたからだ。

かつては石原氏に熱狂していたが、時の流れとともに興味は冷め、いささか批判的に見るようになっていったというのが正直なところだ。だから、私自身が石原氏を擁護する日が来るなど夢にも想像できない事態だった。

## 豊洲市場移転問題を当時の石原都知事のせいにする百条委員会

今回の築地《つきじ》市場から豊洲《とよす》市場への移転に関する問題で、私は断固として石原氏を支持する。

それは、石原氏個人を尊敬するからではない。日本の民主主義を守るために石原氏を支持するのだ。

非論理的に石原氏という一個人を糾弾し、まるで彼が諸悪の根源であるかのように粉飾し、「水に落ちた犬は叩《たた》け」とばかりに執拗《しつよう》に攻撃を加える。巨悪である石原氏と闘う小池百合子都知事は正義であり、その仲間もまた正義の使徒にほかならない。こういう単純で馬鹿馬鹿しい構図を喜んで作り上げるマスメディア、無根拠に「無責任だ」と決めつけて個人の人格を貶《おとし》めるコメンテーター、そしてこうした馬鹿馬鹿しい劇場に拍手喝采を送る愚かな大衆に怒りを覚えるとともに、恐怖を感じるからこそ、私は石原氏を擁護する。

石原氏の百条委員会における質疑応答を視聴した。都議たちの質問は低俗極まりないもので、質問と質問の間に石原氏を貶める発言を繰り返し、石原氏に対する印象を操作しようと必死だった。だが、結局、何を追及したいのかも不明瞭で、一体、石原氏が呼び出される必要があったのか、そもそも百条委員会の開催が無駄ではなかったのかと思われてならなかった。

前知事の青島幸男《あおしまゆきお》氏から石原氏への引き継ぎ事項の中で、老朽化した築地市場を豊洲方面に移動させることが書かれており、石原氏は行政の長として、その実現に向けて歩んだ。その際、自分自身の腹心である浜渦武生《はまうずたけお》氏に一切の交渉を委ねた。また、環境問題についての懸念については専門家で検討させ、安全であるとの結論が出たので、裁可した。そして、その裁可した責任は行政の長である自分自身にあると明言している。石原氏は、なぜ危険なことが明らかな築地市場から、安全な豊洲市場へと速やかな移設を実施しないのか、小池都知事の不作為の責任について問うた。

方向性を決定し、部下に大きな仕事を一任するというスタイルを批判する人もいるが、すべての問題に精通する人物など存在しえない。従って、最善のスタイルとは言えないが、致し方なかったスタイルではなかったか。

どのように質問等々を繰り返しても、石原氏を悪魔化しようとしても、それは無理筋なのだ。ときに傲慢で、強権的な指導者であるかのような石原氏だったが、彼は独裁者ではなかった。行政の長として、極めて常識的な判断をしていただけなのだ。こうした問題に関して、どうして日本全国津々浦々で石原氏が糾弾されねばならないのか、私にはまったく理解できない。

結局、小池都知事が、石原氏を巨悪に仕立て上げ、闘う姿勢を示すことで、自分自身の支持率を保ちたいということにすぎないのではないだろうか。そこにマスメディアが加担し、中身を精査しない大衆は、マスメディアが一方的に垂れ流す「無責任」のコメントに洗脳されてしまっている。私にはそういう状況のようにしか思えないのだ。

## 石原慎太郎氏を強引に悪者に仕立て上げた小池百合子氏

小池都知事は政治家として、なかなか戦略的な人物で、常に大衆から人気を得ようとして戦略的に振る舞っている。彼女には自身の基盤となる政党の支持がないので、大衆の支持だけが頼りになるのだろう。彼女の一貫した戦略は大きな敵を作り出し、自分が巨悪、敵と戦う正義の政治家だと演出する戦略だ。古代より「敵」を作って内部を結束させ、支持を得る戦略が存在した。

マキャベリは『君主論』（マキァヴェッリ全集Ⅰ、筑摩《ちくま》書房、一九九八年）の中で、次のように指摘している。

> 賢明な君主は、機会があれば奸策《かんさく》を弄してでも、わざと敵対関係をこしらえ、これを克服することで勢力の拡大をはかる。（七一頁）

古代の君主たちが用いた戦略は、民主主義社会の中で、さらに力を発揮することになった。最も究極的なのはアドルフ・ヒトラーで、彼は「ユダヤ人」の脅威を煽《あお》り立てて国民を恐怖させ、支配者となった。小池都知事は当初、内田茂《うちだしげる》氏を「都議会のドン」という「敵」に仕立て上げ、千代田《ちよだ》区長選挙で代理戦争を演出し、血祭りに上げた。ここまではうまくいった。勝利を喜ぶと同時に、彼女は勝利に焦ったはずだ。「敵」が消え去れば、巨悪と戦う政治家として演出する戦略が不可能になるからだ。

そこで「敵」となる次なる獲物が石原氏だったのではないだろうか。

だが、石原氏を「敵」にしようとする方法があまりに露骨で、論理が粗雑にすぎた。三月三日の記者会見の全文を読んでみれば、石原氏を「悪魔化」することが非論理の極みであることは明らかだろう。豊洲の移転に関して石原氏は言う。

「行政の組織、都庁全体が専門家含め検討し、しかも議会が了としたものを私は裁可せざるを得なかった」

（日本記者クラブ、三月三日）

おそらく、今回の問題に対する最大の答えがここにある。組織で動いてきたこの問題を石原氏個人の罪として追及するのは、論理的に考えれば、無理な話なのだ。

石原氏の説明を「恥さらしの説明」と決めつけ、「日本男児の愛国者を標榜」する石原氏は責任を取らないのかという挑発的な質問に対しても冷静に答えている。

「あの土地をあのコストで購入したってことは、私が決めたわけじゃありませんよ。そのための審議会が専門家を含めて審議して決めたことですから。（中略）私は恥とは思ってませんね」

（同右）

私もこんなことを恥だとは思わない。審議会が専門家を含めて決めたことを首長が一つずつ拒絶していたら、行政機能は麻痺《まひ》してしまうだろう。私が最も重要だと感じたのは次の指摘だ。

「風評に負けて豊洲がこのまま放置されるっていうことは、結局科学が風評に負けたということになる。これはまさに国辱だと。日本が世界で恥をかくことになるという忠告

をいただきました」　（同右）

これはまさにその通りだ。使いもしない地下水の問題を喚《わめ》きたてる理屈はまさに非科学的だし、単に「風評」被害をでっち上げているだけの話だ。科学が風評に負けてはならない。

ここで重要なのは、「科学」がすべてだというわけではないことを併せて確認しておくことだろう。私の考えでは、「科学」が「道徳」に敗れるという事態はありうる。

## 科学的でも道徳的でもない単なる「風評」によって泥沼化

少し話が逸《そ》れるようだが、私にとってどうしても忘れがたい一葉の写真がある。それは本に掲載されていた写真で、ドイツの金髪の美青年と車椅子に乗った障害者の写真だった。忘れがたいのは、この写真そのものではなく、写真の下部に掲載された一文だ。おそらく多くの日本国民は「障害者とともに歩もう」「多様性を認め合おう」といった文言を想像されるだろう。だが、そこには次のように記されていた。

この立派な人間が、こんな、われわれの社会を脅かす気違いの世話に専念している。われわれはこの図を恥ずべきではないか。

恐るべき文言と言うよりほかない。実は、ナチス・ドイツでは「優生学」という当時の「科学」に基づき、一般の人々より「劣った」とされる障害者、性的マイノリティが殺戮された。ユダヤ人が虐殺される以前に、障害者の殺戮を目的とする「T4《テーフィア》作戦」が実施され、科学によって劣った存在と決定された人々が無慈悲に殺されたのである。

私は科学者ではない。従って、優生学を科学的に批判することは不可能である。しかし、一人の人間として障害者を殺戮するような政策が非人道的であり、許されざる政策であると確信している。これは「科学」の問題ではなく、「倫理」「道徳」の問題なのだ。

翻って、今回の築地市場から豊洲市場への移転の問題について考えてみたい。この問題は科学的でも道徳的でもありえない、まったくの「風評」によって正常な判断が下せない状況に陥っている。しかも、豊洲市場の使用しない地下水を問題にしながら、現在の老朽化した築地市場の安全性については口を閉ざす。石原氏を攻撃する人々は「安全」は確認されたが、人々の心の「安心」が得られていないと繰り返すが、詭弁《きべん》である。批判する人々が執拗に豊洲市場を「安心」させないように動き続けているようにしか思われない。

安全と安心の問題について、百条委員会で石原氏は実に的確な指摘をしていた。

「安全と安心の問題は、これ、豊洲だけの問題ではないんですね。これ、東京都の問題だけでもないんです。これは一種の文明論でありまして、一方に科学があり、一方に人間の心があるわけです。この二つの、要するに要素というものの相克がある限り、この問題はなかなかとにかく終わらない。（中略）しかし、私たちは決して全能じゃない。科学も含めても全能じゃありません。私たちやっぱりそういうものを踏まえた上で、折り合いというものを考えて、せっかく、つまりお金を使って建設した市場というものを、（中略）都民のために使うべきだと私は思いますけどね」

私は石原氏の指摘にまったく賛同する。

科学的に完璧に安全という状況を作り出すことは不可能だ。例えば、私は大阪のマンションに住み、日常生活をおくっている。地震で私が住むマンションが絶対に倒壊しないという保証はない。外出する際に電車に乗るが、この電車が完璧に事故に遭《わ》わないという保証もない。レストランで外食もするが、この食事が完璧に安全な食事であるという保証はない。以前、早稲田《せだ》のラーメン店でラーメンを食べた際、何か異物が混入していると思ったら、それは画鋲《がびょう》だった。このときは本当に驚いた。自分が食べるラーメンに画鋲が入っているということ自体が想定外の出来事だった。恐ろしかったので、その店でラーメンを食べるのを避けることにしたが、今でも他の店では普通にラーメンを食べている。画鋲が入っている可能性が否定できない以上、ラーメンを食べないということにはならない。全知全能の存在ではありえない人間にとって、完璧に安全な状況を作り出すということは不可能なのだ。そして、完璧に安全でないと「安心」と思えないというならば、我々は日常生活を営むことが困難になってしまうだろう。

地球に住む我々にとって、常に危険は存在している。しかし、我々は科学を発展させ、できるだけ危険を避けるように生きることができる。それが科学だ。科学が無根拠な風評に負けてはならないのは当然のことだろう。

## 「大衆は簡単な言葉で繰り返し何度も宣伝されれば洗脳される」

合理的な説明を大衆が拒絶し、無根拠な感情論に飛びつく。まことに嘆かわしい事態だが、それが日本の現状であろう。豊洲市場に関する一連の騒動を眺めていて、私は一冊の本を思い出した。ヒトラーの『我が闘争』（角川《かどかわ》文庫、一九七三年）だ。本書においてヒトラーは、大衆に対するプロパガンダの極意を惜しげもなく示している。

幾つか象徴的な文章を引用してみよう。

宣伝は誰に向けるべきか？　学識あるインテリゲンツィアに対してか、あるいは教養の低い大衆に対してか？　宣伝は永久にただ大衆にのみ向けるべきである！（二五八頁）

宣伝はすべて大衆的であるべきであり、その知的水準は、宣伝が目ざすべきものの中で最低級のものがわかる程度に調整すべきである。（二五九頁）

宣伝におよそ学術的教授の多様性を与えようとすることは、誤りである。

大衆の受容能力は非常に限られており、理解力は小さいが、そのかわりに忘却力は大きい。
（二六〇頁）

要するに大衆に対するプロパガンダに知性は不要だというのである。大衆の多くは簡単な言葉で繰り返し、繰り返し宣伝すれば、洗脳することができるとヒトラーは説いている。

ヒトラーの説くプロパガンダの典型的な事例が、何の理由もなく石原慎太郎氏を「無責任だ」と決めつける報道ではないだろうか。「部下に一任していた」「忘れた」という部分だけを切り取り、「無責任だ」と繰り返し報道されたら、大衆は簡単に石原氏を無責任な政治家と断じ、そうした石原氏と闘う姿勢を崩さない小池都知事に拍手喝采するだろう。

民主主義体制は非常に脆《もろ》い政治体制であり、暴走しやすい政治体制でもある。民主主義体制が陥りやすい危機は、偉大なフランスの政治思想家アレクシ・ド・トクヴィルが指摘したように「多数者の専制」という事態である。多数者の意見が少数者の意見を圧殺することがあってはならない。権力とマスメディアが単純な構図を生み出し、大衆が熱狂する事態は、決して成熟した民主主義国家のあるべき姿ではない。ドナルド・トランプ大統領を生み出したアメリカの状況は私にとっては極めて危うい状況に思えるが、我が国の民主主義もポピュリズムに侵されており、決してアメリカを嗤《わら》うことはできない。

［初出］　豊洲移転騒ぎの愚かさ あえて石原慎太郎氏を擁護する（『Voice』二〇一七年五月号）

# 政治とは何かをまったく理解していない石破茂氏

## 総裁選は政治闘争そのものだ

耳を疑うような発言だった。自民党総裁選（二十日投開票）に立候補している石破茂元幹事長から、にわかには信じられないような言葉が発せられた。総裁選後の人事に関して、石破氏は次のように言い放ったという。

「『終わったあとは干してやる』とか、『冷や飯を覚悟しろ』などというのはパワハラだ。自民党はそんな政党ではなかったはずだ」

事実上、「次の総理」を決定する総裁選とは、誰がどのように見ても政治闘争だ。幼稚園のお遊戯ではないし、終わった後は「ノーサイド」というラグビーでもない。露骨な権力闘争であり、武器こそ使用しないものの戦国時代の合戦とその本質は変わらない。

こうした政治闘争の瞬間とは、ドイツの政治学者、カール・シュミットが政治の本質と喝破した「友敵関係」が露骨に表れる瞬間である。自分を支持する人間は「友」であり、反対派を支持する人間は「敵」である。それ以外の中間派など存在しないし、勝つか負けるかが決定的に重要な瞬間であり、美辞麗句が通用しない厳しい闘いのときだ。

闘争後、演出のために勝者が敗者を厚遇してみせることもあるだろうが、基本的には論功行賞がなされ、敗者は冷遇され、場合によっては葬り去られる。「パワハラ」ではなく、それが政治というものの本質だ。

## 「リベラル」の空気に流された石破茂氏

こうした闘いの論理は、自民党という組織の問題ではなく、古今東西を問わない普遍的な現象といってよい。振り返ってみれば、過去の自民党で総裁選に挑戦し、冷遇された人物が存在する。

一九九九年の総裁選では、続投を目指す小渕恵三総理（総裁）に、加藤紘一元幹事長が挑んだ。このとき、小渕氏は無投票再選を望んでおり、総裁選への出馬を模索していた加藤氏、そして山﨑拓元政調会長に圧力をかけた。

当事者の一人であった山﨑氏は『ＹＫＫ秘録』（前出）の中で、小渕氏と加藤氏の応酬を明かしている。

小渕氏は「総裁選に出るつもりはないよな」とクギを刺したが、加藤氏の出馬への決意は固く、「われわれが立った方が、党の活性化につながる」と応え、出馬を諦めようとはしなかった。小渕氏の説得を拒否し、加藤、山﨑両氏が総裁選に出馬し、総裁選が実施された。

総裁選後、加藤氏が人事について相談しようと小渕氏に電話をかけた。小渕氏が「あんたは俺を追い落とそうとしたじゃないか。選挙とはそういうものだ」と、にべもなく加藤氏の要求を断ったことは有名だ。

加藤氏の、総裁選が実施された方が党内の活性化につながるという議論は間違いではない。一理ある主張である。だが、それは政治生命をかけた闘いに挑む人の台詞《せりふ》ではない。あくまで、闘いとは離れた傍観者の台詞なのだ。

政治家として生き抜いてきた石破氏が、こうした厳しい「闘いの掟《おきて》」を知らぬはずはない。あえてこうした発言をしたのは、なぜか。

「自民党がかつての自民党とは異なる、おかしな政党になりつつある」という「リベラル」の主張に便乗し、国民の同情を集めようとしたためだったのではないかと、私は僭越《せんえつ》ながら忖度《そんたく》する。

もう一つ気になる点がある。石破氏をはじめ多くの人々がかつての自民党を「古きよき自民党」として懐かしみながら、安倍晋三総裁が率いる自民党に対して「こんな自民党ではなかったはずだ」と自民党の劣化を繰り返す点である。

例えば、ある老ジャーナリストは次のようにいう。

「かつての自民党では派閥同士で激しい争いがあり、疑似政権交代が繰り返された。今は『安倍一強』で多様性がない」

「安倍総理に、ものを言えない自民党になってしまった」

「政治家が小粒化してしまい情けない」

だが、安倍総理個人が自民党を変質させてしまったという議論は、暴論と言わざるをえない。政治を分析する際、ジャーナリストは政治家個人の力量、魅力に重点を置くことが多い。これに対し、政治学者は政治制度を重視しながら政治を分析する。実際には、どちらに偏っても政治の真実は見えてこない。

個々の政治家の魅力、力量を無視した政治分析は、人間らしい、泥臭い政治の現実を見失いがちである。ジャーナリストの政治論に意味がある所以である。

## 小選挙区制によって派閥政治が弱体化

しかし、政治制度の視点からの分析も重要だ。政治制度とは、政治家（プレーヤー）を縛るルールだと言ってよい。当然、ルールが変更されれば、プレーヤーの戦略も変化するし、場合によっては活躍できるプレーヤー自身が変わってくる。

日本政治に劇的な地殻変動をもたらした政治制度の変革とは、小選挙区制度の導入（＝一九九四年三月、改正政治改革関連法成立）である。小選挙区制度が導入されたことにより、「派閥」の力は弱体化した。

党の執行部が公認権を持っている以上、個々の政治家は派閥の領袖以上に気を使うべき対象が生まれたからだ。こうした小選挙区制度の弊害について語っていたのが、若き日の小泉純一郎元総理であった。

「もし小選挙区なり、派閥がなくなったとしたら、権力者の総理とか幹事長の側近政治になるよ。吉田（茂《しげる》元総理）時代のように、総理の眼鏡にかなった者しか重用しない、総理ににらまれたらずっと冷や飯という側近政治になる」

（『週刊東洋経済』一九九二年三月二十一日号、一五五頁）

小選挙区制度の仕組みを誰よりも熟知していた小泉氏は、郵政民営化選挙の際、この仕組みを最大限に活用した。党内の敵対者に公認を与えず、逆に党の公認を与えた「刺客」を放ったのだ。

確かに、小選挙区制度は党の執行部の権限を強め、時にその弊害も見られよう。だが、派閥政治による「金権政治」に嫌気が差した国民が、派閥政治の弊害を改めることを目指して導入したのが小選挙区制度だ。

少し具体的に説明してみよう。中選挙区時代、一つの選挙区から自民党の候補者が何名も当選するため、国民は政治家を政党の政策で選ぶことがなかった。政策よりも政治家個人がどのような利益を当該地域にもたらしてくれたのかを重視して投票していたのだ。従って、政治家は選挙民に対するサービス合戦に明け暮れた。また、それぞれ派閥が特定の業者と癒着することで票を固め、他派閥の候補者とのしのぎを削った。同じ政策を掲げた政治家同士がそれぞれの派閥に属し、いがみ合うという不思議な光景が広がっていた。彼らにとって敵は野党ではなく、同じ政党の他派閥の政治家だったのだ。同じ政党に所属している以上、政策は一致している。しかし、他派閥の人間を蹴落とさなければ当選がかなわなかったのだ。

こうした制度下で確かに中選挙区時代には「人物本位」で選挙がなされていた。しかし、それは政党や政策を置き去りにした選挙でもあった。政党の本来の意義、政策を無視した金権政治、派閥政治を批判する大きなうねりの中から誕生したのが小選挙区制度なのだ。

そして小選挙区制度を導入すれば必然的に派閥の力は弱まっていく。なぜなら、小選挙区制度による選挙では、自らの支持する政党の候補者であるか否かが有権者にとって重要な問題となる。従って、候補者をその政党の候補者として公認するか否かが決定的に重要な問題となり、政党の執行部の権力は否が応にも強まっていく。

一方、かつての中選挙区時代では、自民党の公認候補として認められなくても、選挙で勝利した後に自民党に迎えられるという「追加公認」という仕組みがあった。従って、仮に執行部によって公認を得られなくても、派閥の領袖の後押しによって選挙で勝利を得れば自民党の国会議員となることができたのだ。

いかなる選挙制度を導入しても必ず欠陥が存在する。神ならぬ人が作り上げた制度に完璧を求めるのは間違っている。中選挙区時代には中選挙区時代の長所と短所があった。そしてまた、現在の小選挙区制度にも長所と短所が存在する。

老ジャーナリストが、かつての派閥政治の合従連衡を懐古するのは自由だ。彼らが思い出すのは甘美な思い出ばかりかもしれないが、弊害も大きかった。派閥の領袖に気兼ねし、総理大臣が強い指導力を発揮できなかった中選挙区時代の論理で、小選挙区時代の安倍総理を批判するのは、率直に言って時代錯誤なのだ。

安倍批判などという表層的な批判を繰り返したり、懐古主義的に現在を批判したりするのではなく、現在の小選挙区制度の歪《ゆが》みをいかに正していくのかを考えることが重要なのだ。

［初出］　日本の選択①　自民党総裁選は政治闘争である（『夕刊フジ』二〇一八年九月二十日）

## 若者を愚民視する「リベラル」映画監督・森達也氏

### 馬鹿な若者は自民党に投票？

映画監督の森達也《もりたつや》氏が、二〇一六年七月六日の『週プレNEWS』で奇妙な持論を展開している。

選挙に行くことは、この国のグランドデザインを考えること。それを考えられない人は棄権していい。将来を考えると、「へたに投票しないでくれ」とも思います。

この国の将来を考えられない人間は選挙で投票するなということだが、一体どういうことなのか。

森氏の論理に従えば、こうだ。若者は無知で同調圧力に影響を受けやすいために、周りの数人が「自民党に投票する」と言えば、自民党に投票してしまう。だから、無知な若者は棄権して構わないというのだ。そして、アメリカには同調圧力がなく、若者が民主党の予備選挙に立候補したバーニー・サンダース氏のような候補に投票したと持ち上げ、そういう意識を持つ若者なら、投票に行ってほしいと言う。

何ということはない。要するに、自分は自民党が危険な政党だと思っている。だが、多くの若者は愚かで、自民党の危険さを見抜けない。だから、自民党の危険さを見抜いているような賢い人間だけが選挙に行ってほしいというわけだ。

森氏が愚かな若者の事例として提示するのは、氏が教えている明治大学の学生だ。学生の九割が自民党を支持しているという。森氏が、それでは憲法を変更することについてどう思うのかを問うと「このままでいい」と半分ほどの学生が答えたというのだ。要するに自民党の党是が憲法改正にあることを知らない学生が自民党を支持していることに立腹し、こうした愚かな学生たちは選挙に行くべきではないというのだ。簡単に言えば、自民党に投票する若者は馬鹿だから自民党の正体も知らずに投票している。こうした馬鹿は選挙に行くな、というわけだ。

何度読み返してみても、とんでもない主張だ。

そもそも同調圧力がないというアメリカではサンダース氏ではなく、ドナルド・トランプ氏が大統領となり、世界がその動向を危ぶんでいる。アメリカの若者が優秀で同調圧力に屈しないというなら、どうして、トランプ大統領は誕生したのだろうか。日本の若者、アメリカの若者の二分法があまりに陳腐で図式的なのだ。

森氏の主張が傲慢にすぎるのは、若者をひとくくりにして「同調圧力に弱い」「政治を知らない」と決めつけているからだ。本当に若者は、同調圧力に弱いから自民党を支持しているのだろうか？　頭が悪いから自民党を支持しているのだろうか？　森氏が言うように、護憲の立場から自民党に投票するというちぐはぐな行動をする若者ばかりなのだろうか？

確かにそのような学生が存在することは否定しない。しかし、憲法改正を求めているからこそ自民党に投票している若者も存在しているはずだ。「互いに連立政権を組むことはできない」と言い合っている野党同士が反・与党の「野党共闘」のスローガンだけで政治を語っていることに対する不審感を持つ若者だっているだろう。

意見の異なる相手に向かって「お前は人間じゃない。叩き斬ってやる！」などと獅子吼《ししく》する政治学者に支援される野党に嫌悪感を抱く若者がいてもおかしくない。

## 自分と異なる思想を認めない「リベラル」

私は選挙権を十八歳に引き下げることには反対した一人だ。なぜなら、十八歳は酒も煙草《たばこ》も禁じられている年齢だからだ。さらに言えば、成人式すら迎えていない世代でもある。酒と煙草が禁じられるのは、その判断能力が危ぶまれているからだろう。そういう保護されている世代の人間に国の舵取りを任せるのはおかしいのではないかと考えた。酒も煙草も十八歳から認め、十八歳で成人式を行うというのであれば、十八歳に選挙権を与えることに問題はないとも考えていたことをつけ加えておきたい。要するに酒を飲んだり、煙草を吸ったりすることの方が、選挙で投票することよりも判断能力が必要とされているような国になってほしくなかったのである。

だが、選挙権が与えられた以上、若者も堂々と選挙権を行使すべきだと考えている。権利を与えるか、与えないかを問う時期は既に過ぎ、十八歳で投票が可能になったのであるから、誰に気兼ねをすることもなく投票すればいいのだ。その判断があまりに問題があるというのであれば、もう一度、十八歳から選挙権を与えることの是非を国民全体で問い直してみるべきだろう。仮に森氏のような主張を真に受けて、「自分は若すぎるし、政治について知識もないので判断ができない」などと考えて投票所に足を運ばなければ、まったく政治に興味関心がない世代という烙印《らくいん》を押されることになってしまう。それは避けた方がいい。

現代民主主義の長所でもあり、短所でもある特徴は、知性の有無によって投票者を差別しない点にあると言ってよいだろう。賢い人の判断だけが必要だと言うならば制限選挙を実施するしかないが、そうした制限選挙を求める人は少ないはずだ。一定の試験を突破した知的に優れた人のみが政治家になる被選挙権が与えられ、同じく試験を突破した知的に優れた人のみが選挙権を与えられるという仕組みを支持する人はいないだろう。どれほど政治に通暁した専門家であっても一票、政治にはまるで無関心だが何となく選挙に行った人も一票。確かに馬鹿馬鹿しいように思えるが、民主主義とはそういうものなのだ。

政治のプロである政治家を学歴、所得に関係なく一般の国民が選出する。それが現代の民主主義なのだ。もちろん、完璧なシステムではないことは明らかだ。だから、時に誤る。「政権交代」のスローガンに熱狂し、民主党政権を誕生させてしまったことは、現代日本の民主主義の失敗の一つだと言ってもよい。しかし、誤ることを恐れて政治に無関心であればよいということではない。

できるだけ冷静に判断し、自分自身の一票を投じればいい。サッカーや野球は独裁国家でも楽しめるかもしれないが、公正な選挙というイベントは民主主義国家でのみ成立するイベントだ。選挙を楽しみたいという単純な気持ちから投票してみることも許されている。

自分たちと同じ意見を言う若者を「賢い若者」、自分たちと異なる意見をいう若者を「愚かな若者」、そして、選挙に行く資格すらない若者とみなすような傲慢な老人の説教に耳を傾けるべきではない。

国の将来を憂えているような姿勢を取りながら、結局のところ主張しているのは自民党に勝たせたくないという一念なのだ。偽善と感傷に満ちた主張にはつきあい切れない。


〔初出〕「愚かな若者は選挙に行くな」という森達也氏の奇妙な論理（『岩田温の備忘録』二〇一六年七月九日）

# 国民を馬鹿にする老害・鳥越俊太郎氏

## 言論の力を信用していないジャーナリスト

私はスポーツに興味がないから、オリンピックを見ることはない。しかし、偶然、新聞記事で読んで素晴らしいと思う出来事があった。

体操男子個人総合で金メダルを獲得した内村航平《うちむらこうへい》選手に、記者が「審判が随分と好意的だったのでは」という意地悪な質問をした。あなたが勝利できたのは審判があなたに好意的だったからではないか、さらに言えば、審判はフェアではなかったのでは、という意味合いが込められた質問だったという。このとき銀メダルを獲得したウクライナのオレグ・ベルニャエフ選手が毅然《きぜん》と質問を一蹴した。「採点はフェアで神聖なもの。今のは無駄な質問だ」。負けた直後に勝者を褒めたたえるという行為は素晴らしいことだが、なかなかできることではない。多くの場合、自らの敗北を潔く認める前に、審判の判断に誤りがあったのではないかと考えて、責任を他者に転嫁しがちである。しかし、ベルニャエフ選手は実に堂々としていた。彼はスポーツで敗れはしたが、人間の品性の気高さを世界に示すことになった。実に清々《すがすが》しい思いがした。

ところで、こういう清々しい立派な若者に比べて、自らの非を認めようとせず、あまつさえ国民を罵る老人が日本に存在していたことは、日本国民の一人として恥辱の極みであった。

東京都知事選挙に落選した鳥越俊太郎《とりごえしゅんたろう》氏が『ハフポスト日本版』(二〇一六年八月一一日)で、敗因について語っているのだが、ベルニャエフ選手の爪の垢《あか》を煎じて飲ませたいとしか思えない支離滅裂、デタラメな対応だった。

幾つか驚いた言葉を引用してみたい。


ペンの力って今、ダメじゃん。全然ダメじゃん。力ないじゃん。だって安倍政権の跋《ばっ》扈《こ》を許しているのはペンとテレビでしょ。メディアが肝心のところを国民にちゃんと訴えないから、こうなるんでしょ。僕はペンの力なんか全然信用していません。だから、選挙の中で訴えるという一つの手がある。そう思っている。


これは、本来であれば、自己否定以外の何ものでもないだろう。ペンとテレビで報道し続けてきた鳥越氏は「ニュースの職人」を自称している。自分自身を「ダメじゃん」と言っていることに気がついていないのだろうか。

私はこの鳥越氏の見解にはまったく反対だ。ペンの力もテレビの力も存在している。だから、非力な私も本、雑誌、ブログに文章を書くのだ。この文章が日本の誰かに読まれ、もしかしたら、何か好ましい影響を与えてくれるかもしれない。そういう思いがなければ文章など書けはしない。テレビの出演も同じことだ。私は鳥越氏ほどテレビに出演しているわけではないが、声がかかれば、できるだけ日程を調整して出演するようにしている。それは、メディアを通じて、何らかの意見を発信したいと思うからであり、発信した以上、受け止めてくれる人がいるであろうと信じているからだ。

仮にペンを信用せず、メディアがダメと言うならば、鳥越氏は文章も書かず、テレビに出演しなければいいだけの話なのだ。自分のメッセージが通じないとして自らの非力を反省するならともかく、ペンやメディアを否定して、自分だけは正しいと居直るような姿勢は傲慢であり、あえて言えば、間違っている。

## ネットを裏社会と言い切るデタラメな感性

ネットは出ていないね。ニコ生《なま》とかは「出なきゃいけないメディア」と考えるかどうか。それは判断の分かれるところ。僕はニコ生は基本的にメディアとして認めていない、悪いけど。あんな文字がどんどん画面に出てくるようなところに出たくないですよ。あんなのおかしいじゃないですか。（中略）

ネットにそんなに信頼を置いていない。しょせん裏社会だと思っている。

率直に言えば、おかしいのはニコ生ではなくて、鳥越俊太郎氏の感性である。文字がどんどん画面に出るというが、嫌なら、文字が出ないようにして見ればいいではないか。メディアはテレビと新聞だけで、それ以外のネットは「裏社会」だと言ってのける無神経さには恐れ入る。鳥越氏の論理に従えば、ネットメディアで活躍している人々は「裏社会」の住人だということになるし、ネットで情報を得ている人々は「裏社会」の住人から情報を得ているということになる。いやいや、よく考えてみれば、ネットでブログを書いたり、ツイッターで意見を発信したりしている私自身が「裏社会」の住人ということになってしまう。極めて無礼な表現だ。

多くの国民は、テレビ、新聞だけでなく、ネットからも情報を得ようとしている。確かにネットの情報は玉石混淆《ぎょくせきこんこう》と言ってよい。時にはとんでもないフェイク・ニュースが混じっているのも事実であり、真偽を見分けるリテラシーが必要なのは言うまでもない。だが、テレビや新聞が「玉」ばかりかと言えば、そうでもあるまい。その証拠に、どう考えても「玉」とは思えない「石」の象徴のような鳥越俊太郎氏がテレビに出演し、世にも奇妙な言説を発表しているではないか。

日がな一日テレビで鳥越俊太郎氏やそのお仲間の話を聞く人より、ネットで情報を検討してみようという人の方が、よほど常識的な人ではないだろうか。

さらに鳥越氏の放言は続く。

僕は何も知らない。スケジュールまでは管理してないんで。おそらく民進党の選挙のプロがいて、その人が街宣の場所を考えていたんだと思いますよ。「ハイ、鳥越さんこれが明日のスケジュール」って渡されるだけ。「どこへ行きたい」とか、そんなのはないの。

政治家は官僚の言いなりだ云々《うんぬん》と威勢のいい批判を繰り返してきた人が、自分の日程一つ決められなかったというのだから、話にならない。全部他人任せで、自分は知らないと繰り返す。このインタビューを読んでいると鳥越氏は自分自身を悲劇の主人公だと思っているような節《ふし》があるが、冗談ではない。三文喜劇の道化、それが鳥越俊太郎氏の正体にほかならない。

喜劇の道化師が話していると思えば、笑って済ませればいいのかもしれないが、鳥越氏は次のように国民を罵倒する。

だけど現実に投票という形になると、世論調査と内閣の支持率を見ると、今の国民ははっきり言うと、ボケてますよ。私に言わせると。

誰もが思ったはずだ。あなたにだけは言われたくないと。都知事選の最中、テレビで鳥越氏は奇妙なことを口走っていた。「昭和十五年の生まれです。終戦のとき二十歳でした」。昭和十五（一九四〇）年生まれならば、終戦（一九四五年）のときは五歳だし、終戦で二十歳というならば昭和十五年より前に生まれていたはずだ。多くの人はテレビの前でこの老人は「ボケて」るのだろうか、と思ったはずだ。多くの人は、たしなみとして「ボケて」るとはいわなかった。「健康状態に……」と言葉を濁した。自分の年齢すらまともに認識できない鳥越氏に、国民が

「ボケてます」などと言われる筋合いはない。

今回の都知事選を通じて明らかになったことがある。戦後日本において、「リベラル」「リベラル」と大騒ぎする人たちは、「反知性主義」の虜《とりこ》にほかならなかったということだ。日本の「リベラル」が脱皮するためには、鳥越俊太郎的なるもの、すなわち、反知性主義から脱却しなくてはならない。

［初出］「国民はボケてます」？ 鳥越俊太郎氏にだけは云《い》われたくない！（「岩田温の備忘録」二〇一六年八月十六日）

# まったく公正、公平、中立ではないジャーナリスト・池上彰氏

## 根拠が曖昧で不誠実な解説

自発的にテレビを見ることは少ないのだが、妻が見ている番組を一緒に眺めることがある。妻がどんな番組を見ていようが別に構わないが、どうしてもチャンネルを変えてほしいと頼む番組がある。池上彰《いけがみあきら》氏が何かの解説をする番組である。

池上氏がしたり顔で解説をしている様子を眺めるのは、私にとって拷問のように耐えがたい。この番組を見て世間や世界、あるいは政治や歴史を知ったつもりになるのは、まったくの無知より性質《たち》が悪いと思うからだ。Wikipedia だけ見て、世の中の様々なことを知ったような気分になっている人に感じるのと同じ不気味さを感じるのだ。あらゆる問題について池上氏は解説しているが、よく聞いていると根拠が曖昧なのである。どのような文献に当たったかが明らかではないし、誰の説を紹介しているのかもわからない。聞いていて不気味だし、いかがわしいものを感じざるをえないのだ。

何も池上氏のことをはじめから毛嫌いしていたわけではない。当初は「物知りな雑学王」程

度の存在だと認識していた。だがあるときに、池上氏とは何者なのかについて調べるため、彼が「書いた」という（本当に彼自身が書いたのかは知らない）著作を数多く読み込んでみたことがある。一言で言えば、出版される本の数は多いが、中身は乏しい。驚くほど空疎で、幾冊もの本で同じような内容が繰り返されていることに呆れ返ってしまったことを覚えている。「粗製乱造」という言葉を思い出さずにはいられなかった。知名度の高い著名人の名前を著者に使いながら、実際にはゴーストライターが書いているような本があるのも事実だが、ジャーナリストと名乗っている以上、池上氏がゴーストライターを使っているとは信じたくない。

もう一つ、池上氏の著作を読んで感じたのは、引用元や参考文献が明らかではないものが多すぎるということだ。啓蒙《けいもう》を目的とした一般書に厳密に脚注を付せと要求するつもりはない。しかし、誰の学説、意見を参考にしたのかを最小限提示しなければ、結果として誰かが苦心の末に発見し、辿《たど》り着いた学説を剽窃《ひょうせつ》することになってしまう。意図的な剽窃とまでは断言できないが、参考文献程度を付した方が良識的ではないかと考えていた。

どこまでが自分の考えであり、どこからが他人の意見、資料であるかを明らかにすることは、智《ち》に誠実であるための最低条件である。他人の意見を聞きかじっただけで自分の意見であるかのように振る舞うのは知的に不誠実なことだと言わざるをえない。

## 学生のように専門家の意見を「コピペ」？

大学に勤める多くの教員が頭を悩ませているのが「コピペ（コピーアンドペースト）」の問題である。学生にリポートを課すと、インターネット上に掲載されている文章をそのままコピペして提出してしまう者が後を絶たないのだ。「コピペは剽窃だ」と繰り返し口にするのが、現代の大学教員の職業病の一つではないかと思えるほど、コピペが流行している。

調べてみると、池上氏も学生のコピペに関しては頭を抱えているらしく、次のような対策を講じているという。

私はコピペができないように、必ず教室で、手書きで書かせているんです。

（『世界』二〇一四年十二月号、一一〇頁）

池上氏が学生のコピペに敏感であるというのならば、自分自身の著作に関しても、もう少し引用元や参考文献を提示しておくべきではないかと考えていた。

ところが最近、池上氏の報道番組に関して、驚くべき告発の声が上がった。評論家の八幡和郎《やわたかずお》氏が、池上彰氏の番組の関係者から取材を受けたときのことをSNS（ソーシャル・ネットワーキング・サービス）上で暴露したのだ。八幡氏は取材後、「池上の番組の方針で、番組では八幡さんの意見ではなく池上の意見として紹介しますが、ご了解いただけるでしょうか」と依頼を受けたという。八幡氏の告発に続き、池上氏の意見として紹介させてほしいとの依頼を受けたことがあるとする声が次々と上がった。

番組制作のスタッフの一存で決めたことなのか、池上氏本人の意向によるものなのかはわからない。だが、智に誠実であるためには、真相を明らかにするほかないだろう。

ところで、先ほどの学生の「コピペ」問題に関して、池上氏が奇妙な持論を展開しているので紹介しておこう。

私の学生時代にも「糊《のり》と鋏《はさみ》」という言葉があって、いろいろな参考文献を読んで、使えるところをそのまま書き写して「卒論は糊と鋏で仕上げたよ」なんて自虐的に言ったものですよ。しかし、読んで書き写すという行為には、ちょっと自分の言葉に言い換えるとか、多少なりとも考えるので「沁《し》みる」ところがあったけれど、コピーアンドペーストはほとんど考える必要がないから、何も身につかないですね。（同一一一頁）

ここでの発言が奇妙なのは、池上氏は文章そのものを直接剽窃する行為（コピペ）は「何も身につかない」と全面的に否定しているのに対し、参考文献の一部を無断で切り貼りしたり、自分の言葉で言い換えたりする行為には「『沁みる』ところがあった」と一定の評価を下している点である。

情報提供者の名前を伏せて、その情報を自分自身の言葉で若干置き換えながら、「沁みる」

ところを感じながら、テレビ番組で解説を続けていたのだろうか。真相はいまだに解明されているとは言いがたい状況だが、マスコミの表現を借りれば、「疑惑は深まった」とは言えそうである。

## 子役を使って政権批判番組？

また、もう一つの「疑惑」も生じている。『池上彰スペシャル　池上彰×子供×ニュース　痛快ギモンに大人も納得ＳＰ』（フジテレビ系）という番組に関する疑惑だ。

番組では、池上氏がニュースを解説し、子供たちの質問に答えるという形式のもので、ここには特に問題はない。だが、集められた子供たちの応答の中に「ヤラセ」があったのではないかと疑問視されている。子供たちの中で、安倍政権に関して否定的なコメントを堂々と語る子供がいた。別に安倍政権を批判する子供が存在すること自体は問題ではないし、子供ながらに自分の意見をしっかりと話せるのは立派であるといってよい。

だが、この子供を調べてみると、実は一般人ではなく、某劇団に所属する子役であったという。そこで、この堂々たる安倍政権批判を展開する子供のコメントが「準備された台詞」であったのではないかとの疑問の声が上がったのだ。

この番組に出演していた子供の多くが子役であったとの指摘もあった。テレビ番組で子供が出演している際、その子供がどのような経緯で集められるのかは寡聞にして知らない。多くの番組で、どこかの劇団に所属する子役が一般の子供として出演しているのかもしれない。だが、この子供たちの声が本当に子供たちの声なのか、準備された台詞なのかは明らかにすべきであろう。仮に、番組の制作者側が準備した台詞であるとするならば、一般の視聴者は「劇」を見せられていることになる。少なくない視聴者が「ヤラセではないか」と疑念を抱いている以上、マスメディアには「説明責任」があるのではないか。

安倍政権に対し、森友、加計問題に関して「説明責任」を強く求めてきたマスメディアが国民の疑念、疑惑に対して正面から向き合おうとしないのは、あまりに無責任であり、マスメディアの表現を借りれば、「疑惑は深まるばかりである」。

## 巧みな「編集の詐術」

多くの国民は池上氏を価値中立的なニュースの紹介者だと認識している。そして、池上氏自身も中立的、客観的であることを心がけていると語っている。

池上氏は、ＮＨＫに入社し、叩き込まれたことがあるという。

ＮＨＫの報道は客観的に公正、公平、中立でなければならないと叩きこまれてきました。自分の意見は述べてはいけなかったんですね。（『ORICON NEWS』二〇一四年五月三十日）

そして、NHK時代に身につけた態度こそが、フリーランスで食べていくための武器になったというのだ。

いざ、フリーランスになる決意をしたら、どうやって食っていくかという問題もありますし、人と同じことをやっていても生き残れない。人と違う自分の強みは何かを考えた時に、「自分の意見を言わない」というニッチな需要を見つけたんです。（同右）

確かに、池上氏の文章を読んでいると、出典も引用元も明記されていないが、自分の意見も明確にされていないことに気づく。「～ということです」と誰かの意見を伝えているという姿勢を崩そうとしないのが池上氏の特徴であると言ってもよいだろう。だが、自分自身の意見を明らかにしないことを以《もっ》て、すなわち公正、公平、中立的であると断言することはできない。

かつて、評論家の山本七平《やまもとしちへい》は、『ある異常体験者の偏見』（文藝春秋、一九七四年）という著作の中で、ウィリアム・シェイクスピア『ジュリアス・シーザー』で描かれたアントニーの「詐術」について論じたことがあった。ブルータスはジュリアス・シーザーを暗殺した直後、大恩あるシーザーのことを殺さねばならなかった人義について熱く語った。これに対し、大衆は拍手喝采で応じた。ところが、この後、シーザーの腹心であったアントニーが演説を始めると、大衆の態度は急変し、演説が進むごとに大衆の怒りはブルータスに向けられていく。救国の英雄であったはずのブルータスは、一気に忘恩の徒とされてしまったのだ。

『ジュリアス・シーザー』は大衆の移ろいやすさを描いた傑作だが、山本が注目したのは大衆を操作するアントニーの詐術であった。山本は三つの詐術を挙げているのだが、そのはじめに指摘されているのが「編集の詐術」である。アントニーはシーザーの死体を示し、最終的にはシーザーの遺言状を提示する。死体も遺言状も本物だ。この事実と事実の間に次々と事実を列挙する。事実だけが論じられているのだから、これは事実だと思うのが一般的だ。だが、山本は、これを「詐術」だという。事実の並べ方によって、人は英雄にも極悪人にもなってしまうからだ。山本は言う。

アントニーは、扇動の第一歩として、シーザーを「神様」にする「事実」だけを編集しているわけである。そしてその一片一片の事実は（中略）あくまでも事実だから、だれもそれを事実でないということはできない。典型的な「編集の詐術」なのであり、これが実は扇動の基本であり、また「判断の規制」の基本なのである。（八一頁）

なかなか興味深い指摘だ。我々は事実が列挙されたときに、真実を知ったと思う。確かにそれは虚偽ではなく、真実と言ってよいだろう。だが、その事実の列挙による真実とは、真実の一面にすぎないのかもしれないとの留保が必要だ。なぜなら、自らに都合のよい事実のみを列挙して真実の別の側面を覆い隠す「編集の詐術」がそこで駆使されているかもしれないからだ。

## 都合の悪い事実は明かさないと公言する上野千鶴子氏

池上氏の問題に立ち戻る前に、実際にこうした「編集の詐術」を使っていると公言して憚《はばか》らないフェミニストが存在することを確認しておきたい。日本のフェミニズム研究の権威といってもよい上野千鶴子《うえのちづこ》氏である。上野氏は古市憲寿《ふるいちのりとし》氏との対談の中で次のように語っている。

上野　私は経験科学の研究者だから嘘《うそ》はつかないけど、本当のことを言わないこともある。

古市　つまり、データを出さないこともある？

上野　もちろんです。

古市　それはいいんですか？

上野　当たり前よ。それはパフォーマンスレベルの話だから。

（古市憲寿『古市くん、社会学を学び直しなさい‼』光文社《こうぶんしゃ》新書、二〇一六年、七五頁）

これは驚くべき告白というよりほかない。上野氏は、自分たちの議論にとって都合の悪い事実は隠蔽して構わないと主張しているのだ。そして、自分は「経験科学の研究者だから嘘はつかない」とも述べている。嘘はつかないが、都合の悪い事実は隠蔽する。まさしく、山本七平が指摘した「編集の詐術」にほかならない。彼女の文章を読むとき、我々は常にそこには隠された事実が存在する可能性を検討しながら読み進めなければならないということだろう。

古市氏は彼女の告白を受け、次のように総括する。


ただ、アウトプットの段階で出すか出さないかは、戦略次第ということですね。（同右）

フェミニストである上野氏の戦略によって「編集の詐術」が施された書、それが上野氏の著作群の正体であると二人で暴露しているわけだ。正直は美徳だが、ここまであけすけに事実、真実を踏みにじることに躊躇《ちゅうちょ》しない学者というのも珍しい存在だ。

## 一つの事実を切り取る印象操作

さて、話を池上彰氏に戻すことにしたい。私は「編集の詐術」を用いることに関して、池上氏が上野氏ほどの確信犯であるかどうか断言することはできない。彼は上野氏とは異なり、自分が「編集の詐術」を駆使する解説者であるとほのめかすことはない。

だが、以前、池上氏が解説者を務めた番組で典型的な「編集の詐術」が使われたことは指摘しておきたい。高級バーに入り浸っている麻生太郎《あそうたろう》総理に対して菅直人総理は庶民派であると指摘され、菅氏がラーメン店に食事に行ったことが放送された。ラーメン店が永田町《ながたちょう》の近くに位置していること、菅氏が総理大臣になっている前から訪れていることが紹介された後、池上氏は次のように言う。

「でも、これまでの高級レストランや料亭とは随分違いますでしょう」

確かに麻生総理が高級バーに出入りしていたのは事実だし、菅総理がラーメン店で食事をしたことがあるのも事実だ。だが、それはあくまでも真実の一面でしかない。

表を確認すれば明らかだが、菅総理は毎日のようにラーメン店で庶民的な食事をしているわ

**2010年8月、菅直人はどこで何を食べたか**

| 日付 | 種類 | 店・情報 | 場所 |
|---|---|---|---|
| 1 | 日本料理 | なだ万 | ホテル・ニューオータニ |
| 2 | 不明 | 公邸 | 公邸 |
| 3 | 不明 | 公邸 | 公邸 |
| 4 | 不明 | 公邸 | 公邸 |
| 5 | 日本料理 | 羽衣 | グランドプリンスホテル広島 |
| 6 | 日本料理 | つきじ植むら山王茶寮 | 永田町 |
| 7 | 焼肉 | 叙々苑游玄亭 | 赤坂 |
| 8 | 寿司 | 樹太老 | 築地 |
| 9 | 不明 | 公邸 | 公邸 |
| 10 | 不明 | 不明 | プリンスホテルウエスト |
| 11 | 不明 | 不明 | プリンスホテルウエスト |
| 12 | 不明 | 不明 | プリンスホテルウエスト |
| 13 | 不明 | 不明 | プリンスホテルウエスト |
| 14 | 不明 | 不明 | プリンスホテルウエスト |
| 15 | すき焼 | 岡半 | ホテル・ニューオータニ |
| 16 | 中華料理 | 聘珍楼 | 溜池山王 |
| 17 | 不明 | 伸子夫人とともに両陛下と食事 | 皇居 |
| 18 | 日本料理 | 藍泉 | ホテル・ニューオータニ |
| 19 | 焼肉 | よろにく | 南青山 |
| 20 | 不明 | ルース米国駐日大使と食事 | 帝国ホテル |
| 21 | 不明 | 公邸 | 公邸 |
| 22 | 鉄板焼 | さざんか | ホテル・オークラ |
| 23 | 日本料理 | 黒座暁楼 | 赤坂 |
| 24 | 日本料理 | さかなや富ちゃん六本木店 | 六本木 |
| 25 | 不明 | 公邸 | 公邸 |
| 26 | 寿司 | 久兵衛 | ホテル・ニューオータニ |
| 27 | ラーメン | 大千元ごくうラーメン | 隼町 |
| 28 | 不明 | 公邸 | 公邸 |
| 29 | 不明 | 公邸 | 公邸 |
| 30 | 不明 | イスラム諸国の駐日大使と夕食会 | 官邸 |
| 31 | 不明 | 公邸 | 公邸 |

朝日新聞「首相動静」、読売新聞「首相の一日」を基に筆者作成

けではない。公邸で食事をする以外、外食の際には毎日のように高級店で食事をしていたのだ。「高級レストランや料亭とは随分違う」どころではなく、まさに「高級レストランや料亭」で食事をしていたのだ。月に一度だけ、庶民的なラーメン店で食事していただけなのだ。ほとんど自民党の総理大臣たちと変わらないと言ってよいだろう。だが、菅総理がラーメン店で食事をしたという事実が切り取られ、その他の高級店で食事をしたという事実に関しては沈黙が守られた。まさに「編集の詐術」にほかならないだろう。たった一つの事実だけが切り取られ、多くの他の事実が無視されてしまったのだ。

## メディアが「国益」という言葉を言ってはいけない？

最後に、「国益」に関する池上氏の議論について考えてみたい。

池上氏は「国益を損なった」という表現がメディアで語られることに違和感を覚えると言い、「メディアが『国益』と言い始めたらおしまいだと思います」（前掲『世界』一一六頁）とまで述べている。「国益」の問題を論ずる前に、社会部の記者として悩んだ経験について池上氏は語っている。社会部の記者として池上氏が警視庁を回っていた際、「有力容疑者浮かぶ」などの報道がなされることで、犯人が証拠を隠滅してしまったり、逃亡したりする可能性があるため、警察側から報道を差し控えるように言われ、悩んだというのだ。

「報道する側が、警察に言われたからといってその通りやってしまうのもいけないし、でも犯人を逃す結果になってはいけないと、常に悩むんですね」（前掲『世界』一一七頁）

確かにこの葛藤は理解できる。すべて警察の言う通りに報道するだけでは、ジャーナリズム失格ということになるし、すべて警察の言うことを拒絶すれば、結果として犯人の逃亡の手助けや証拠隠滅につながるかもしれないからだ。

ただ問題はここからだ。池上氏は次のように言う。

国益も同じで、これが国益に反するかどうかと考え始めたら、いまの政権を叩かないのが一番だという話になるわけでしょう。それでは御用新聞になってしまう。私は、国益がどうこうと考えずに事実を伝えるべきで、結果的に国益も損ねることになったとすれば、その政権がおかしなことをやっていたに過ぎないと思います。（同右）

非常におかしな論理だ。警察の言い分を全面的に受け入れるのもおかしいが、警察の言うことをすべて聞き入れてはまずいから葛藤していたのが池上氏であった。この葛藤は、ジャーナリストとして良心的な葛藤であったといってよい。ところが話が「国益」の問題になると、その葛藤が消えてしまったかのようである。情報を公開することによって凶悪犯人に有利な状況が作られることを恐れていたはずの池上氏は、なぜ凶悪な国家に有利な状況が作られることを恐れないのだろうか。凶暴な全体主義国家の脅威は、殺人犯の脅威とは比較にならないはずだ。なぜ、池上氏は国益を損なうことへの恐怖心が薄いのだろうか。

答えは、国益を守ることが「政権を叩かないのが一番という話になる」という論理の単純さに見出すことができるだろう。時の政権を擁護することは必ずしも自国の国益を守ることにはつながらない。日本でも、鳩山由紀夫政権を守ることが日本の国益を守ることだと考えていた人は少なかったのではないだろうか。

国益の場合も、警察の場合と同じことが言えるはずだ。

犯罪者の報道に携わる記者は、状況に応じて、報道する、しないの選択を迫られることになる。そして、そこに常に該当する永遠の解答は存在しない。だからこそ、重要な事件のたびに記者の心に葛藤が生ずるのであろう。情報を犯罪者に与えてはならないと判断するときもあれば、逆の判断を下す場合もある。どちらがすべて正しいとは言い切れない。

国益に関与する記者も同様の葛藤に苦しむのが当然ではないだろうか。仮に当時の日本の国益を害することがあっても、報道しないこと自体が後に日本の問題となるような場合もあれば、その逆もあるだろう。ここでも葛藤するのが当たり前ではないだろうか。

「国益」のことをマスメディアが言い始めたら終わりだという池上氏の主張は、いささか極端ではなかろうか。

［初出］　子役でヤラセ？　池上彰のどこが公正、公平、中立か（『WiLL』二〇一八年十一月号）

# 第二章
# メディアの偽善を斬る

## カンボジアPKO派遣の悲劇を反省していない朝日新聞

### 自衛隊の海外派兵が憲法違反だと主張

『朝日《あさひ》新聞』は、慰安婦問題で吉田清治《よしだせいじ》という詐欺師の証言を全面的に信用し、ありもしなかった日本軍による組織的な「強制連行」が存在したかのような記事を書き続け、日本の名誉を汚し続けてきた。日本国内の読者だけでなく、海外の多くの人々も『朝日新聞』で「事実」として掲載されたことを根拠として、日本軍による組織的な慰安婦の「強制連行」が存在したと思い込まされてきた。

多くの人々を欺いた張本人は吉田清治だが、そのデタラメな主張を権威づけたのが『朝日新聞』だった。秦郁彦《はたいくひこ》氏の調査によって、吉田清治の証言の信憑性《しんぴょうせい》が乏しいことが明らかになりながらも、長年にわたって『朝日新聞』は記事を訂正しようともしなかった。

「社会の木鐸《ぼくたく》」とも称される新聞に対する国民の信用は高い。それだけに、その報道内容、主張の是非は厳しく吟味される必要があると言ってよい。

さて、安倍政権が整備を進めようとしている、いわゆる「集団的自衛権」の一部を限定的に容認しようとする法案に関して、『朝日新聞』は極めて批判的だ。
その社説の一部を抜粋してみよう。

首相はきのうの集中審議で、集団的自衛権の行使を容認しても「（他国の）戦争に巻き込まれることは絶対にないと断言したい」と述べた。何を根拠に「絶対に」と言い切れるのか。政権が正しいと言えば正しい、安全だと言えば安全だ、合憲だと言えば合憲だ、そういうことなのか。これで国民の納得がえられると思っているなら、甘すぎる。
（『参院審議 歯止めなき「違憲」法案』二〇一五年七月三十一日）

権力が恣意的に憲法を操ることは許されない。政権は根本から考えを改めねばならない。
（『「違憲」法案 軽視された法的安定性』二〇一五年七月二十九日）

日本で唯一、武力行使できる組織である自衛隊をどう動かすかの議論である。軍事抑制、国際協調を基本にしてきた戦後日本の歩みを大きく変える議論でもある。何よりも大事なのは、幅広い国民の信頼と合意にほかならない。ところが現状では、それが決定的に欠けている。憂うべき政治の惨状と言うほかない。国民の不信はなぜ、ここまで広がってしまったのか。（中略）
憲法は権力を縛るもの、という立憲主義を軽んずる振る舞いであり、憲法を中心とする法的安定性を一方的に掘り崩す暴挙でもある。その結果、今危機に立たされているのは政治と国民の信頼関係だ。法案が成立すれば、自衛隊が海外で武力行使できるようになる。信頼のない政権の「総合的判断」を、国民がどこまで信じられるのか、根源的な危惧を感じざるを得ない。

（『安保法案、参院審議―危機に立つ政治への信頼』二〇一五年七月二十八日）

『朝日新聞』の主張は、安倍政権が進めようとしている政策は憲法違反であり、自衛隊を海外で武力行使をさせることになるという点にある。そしてそれは、「戦後日本の歩みを大きく変える議論」なのだという。

確かに、日本では集団的自衛権の行使が禁じられてきた。権利を持ちながらも、行使できないという状況が続いてきた。考えてみれば、権利を持つが、行使できないとはおかしな話だ。権利を持つが行使しないというのならば理解できるが、権利を持つが行使できないというのでは、権利を持っていないと同じことになってしまう。

例えば、あなたがコンサートに出かけたとしよう。指定された座席に向かうと別の男性が座っている。チケットを確認してみたが、やはり間違いなく、自分の座席である。意を決してあなたはその人物に声をかける。

「申し訳ありません。席をお間違えではありませんか？」

「いいえ、間違えていません」

「チケットで確認してみても、私の席だと思うのですが……」

「何を仰《おっしゃ》っているのですか？　確かにあなたはこの座席に座る権利は持っています。しかし、その権利を行使することは禁じられているのです」

これほどデタラメな議論はないだろう。持っていても行使できない権利など、権利を持っていないことと同じになってしまう。

だが、本稿で検討したいのは、集団的自衛権の議論そのものではない。これだけ大きな反対の声を上げている『朝日新聞』の過去の記事を検討することによって、今回の記事の書き方が極端で大袈裟《おおげさ》なものではないかを考察してみたいのだ。

## 正当防衛でしか武器使用が認められなかった

一九九一年、日本ではＰＫＯ（国連平和維持活動）法案が成立する、しないで、蜂の巣をつついたような騒ぎになっていた。

その当時、『朝日新聞』がどのような主張をしていたのか、ご存じだろうか。

結論からいえば、『朝日新聞』は、自衛隊をＰＫＯ活動に参加させることに反対していた。自衛隊以外の非軍事のＰＫＯ活動だけに専念しろと主張していたのだ。

自衛隊のＰＫＦ（引用者注＝国連平和維持軍）派遣の法制化を急ぐよりも、非軍事のＰＫＯの領域で、国連の諸活動への協力体制を強化すべきではないか。その意味で、この法案は、抜本的に練り直すのが望ましい。

（社説『ＰＫＯ法案を練り直そう』一九九一年十月一日）

『朝日新聞』が問題視したのは、自衛隊の「武器の使用」が、日本国憲法第九条で禁じている「武力行使」に該当するのではないかという疑念からだった。

政府は個々の自衛隊員の「武器の使用」と「武力行使」とは異なるものだと説明したが、『朝日新聞』は、それは「言葉じりで言いくるめようとする」「ご都合主義」だと批判したのだ。

この法案の審議を通じて、法案自体の問題点が浮き彫りになった。たとえば、憲法九条が禁じる「武力行使」と、自然権的に認められる自衛のための「武器の使用」との関係である。両者は異なるものだ、とする政府の統一見解は、軍事活動のために自衛隊を海外に送ることを禁じてきたわが国の戦後史の重みを乗り越えるにしては、あまりにご都合主義に過ぎる。日本の針路にかかわる政策変更を、言葉じりで言いくるめようとしているところに無理がありはしないか。

（同右）

こうした批判が強まったために、国会では、武器の使用に関する議論に終始し、本来、国際社会で日本の自衛隊がいかなる貢献をしていくべきかの議論については、ほとんどなされなかった。

とにかく、自衛隊を海外に派遣させることは危険だというのが、終始一貫した『朝日新聞』の論理だった。

その結果、自衛隊の武器使用に関しては、「正当防衛」しか認められないということになった。自分自身が攻撃されそうになったときにのみ、反撃する権利が認められるというのだ。これでは目の前のＮＧＯ（非政府組織）の人間が狙われたときに、自衛隊は救出することができない。だが、自分自身以外の他者の生命を守ることは憲法が禁ずる「武力行使」にあたる恐れがあるとの理屈から、自衛隊は、正当防衛以外はまったく認められなかった。

## 自衛隊員が身代わりになって民間人を守る「人間の盾」作戦

しかし、現実は過酷だった。

自衛隊を派遣せずに、非武装の民間人だけを派遣すればよいとの主張を嘲笑《あざわら》うかのように、現地の情勢は急転する。

カンボジアの民主化のために、選挙要員として訪れていた民間人の中田厚仁《なかたあつひと》氏が何者かによって襲撃され、文民警察官として派遣されていた高田晴行《たかたはるゆき》氏も殺害された。

ＰＫＯの部隊が派遣される場所は、渋谷《しぶや》やロンドンといった安全な場所ではない。確かに、停戦状態になってはいるものの、治安がよいとは言い切れない場所だ。

だからこそ、各国は武装した軍隊を派遣しているのだ。

このとき、自衛隊は、日本の文民を守ることができなかった。能力がなかったのではない。誠意がなかったのでもない。そうした警護したり、守ったりすることが「憲法違反」だとされてしまい、守ることができなかったのだ。

このとき、自衛隊はどうしたのか。

あまりに残酷な話だが、事実だから記しておく。

先に述べたように、自衛隊に認められていた武器使用は、正当防衛だけだった。従って、自分が攻撃されなければ、相手を攻撃することはできない。

だが、ゲリラや殺人犯は、自衛隊ではなく文民を襲撃する可能性がある。現に、二人の日本人が殺害された。

そこで考案されたのが「人間の盾」という作戦だった。

何者かが民間人を襲ってきた際に、自衛隊が身を挺《てい》して、自らの身を盾として、民間人を守るというのだ。この場合、自分自身が攻撃されているのだから、反撃することは、「正当防衛」の範疇《はんちゅう》に属する。

本来であれば、自らの身を危険に曝すことなく、任務を遂行できるはずの自衛隊員をわざわざ生命の危険に曝してまで守る「憲法第九条」「平和主義」とは一体何なのか。

『朝日新聞』をはじめ、多くの「リベラル」は、生命尊重、平和主義を語る。だが、現実には、身を危険に曝しながら、国民の命を守り、他国の民主化のために貢献している人々が存在するのだ。

ＰＫＯ法案が成立してから、二十五年以上の歳月が流れた。日本のＰＫＯ活動は感謝されることはあっても恨まれることはない。立派に国際貢献をしている。

憲法違反でもなかったし、自衛隊でなければできない仕事を成し遂げている。

あのとき、ＰＫＯ法案で違憲だと大騒ぎしていた同じ人たちが、今回は集団的自衛権の行使は憲法違反だと大騒ぎしている。

少しは頭を冷やして、静かに反省してはどうか。

［初出］「安倍嫌い」の朝日よ、カンボジアの悲劇を思い出せ（『iRONNA』二〇一五年八月三十日）

## マッカーサー書簡をあたかも大発見かのように報道した東京新聞

### 押しつけ憲法を否定する新史料？

二〇一六年八月十二日に『東京新聞』が『「9条は幣原《しではら》首相が提案」マッカーサー、書簡に明記「押しつけ憲法」否定 新史料』と題した記事を掲載した。新史料といいながら、どうせ決定的な内容にはならないだろうと思って読んでみたら、案の定、まったくたいしたものではなかった。たいした記事ではないどころか、記者の誤解からか、事実誤認まで含むひどい記事だった。

書簡の解釈は『東京新聞』の自由だが、事実誤認に関しては訂正すべきだ。ことの経緯を確認しておこう。

岸内閣の下で開催された憲法調査会の会長高柳賢三《たかやなぎけんぞう》は、一九五八年にダグラス・マッカーサーに手紙で「戦争と戦力の保持を禁止する」条項を日本国憲法に挿入しようとした発案者が誰なのかを尋ねた。幣原喜重郎《きじゅうろう》がマッカーサーに頼んで戦争、戦力の不保持が決定されたのか、それとも、マッカーサーが幣原喜重郎に命じたのかを尋ねたのである。

このマッカーサーの返信を堀尾輝久《ほりおてるひさ》東大名誉教授が「発見」したというのが『東京新聞』の報道である。

なお、この「発見」されたという返信には次のように綴《つづ》られていた。

戦争を禁止する条項を憲法に入れるようにという提案は、幣原首相が行ったのです。首相は、わたくしの職業軍人としての経歴を考えると、このような条項を憲法に入れることに対してわたくしがどんな態度をとるか不安であったので、憲法に関しておそるおそるわたくしに会見の申込をしたと言っておられました。わたくしは、首相の提案に驚きましたが、首相にわたくしも心から賛成であると言うと、首相は、明らかに安どの表情を示され、わたくしを感動させました。（前掲『東京新聞』）

書簡の内容については、後に触れるが、まずはこの書簡の発見が大発見であるかのように語られていることが、おかしい。

この書簡の発見があたかも一大発見であるかのように記事は次のように指摘している。

堀尾氏は五七年に岸内閣の下で議論が始まった憲法調査会の高柳賢三会長が、憲法の成立過程を調査するため五八年に渡米し、マッカーサーと書簡を交わした事実に着目。高柳は「『九条は、幣原首相の先見の明と英知とステーツマンシップ（政治家の資質）を表徴する不朽の記念塔』といったマ元帥の言葉は正しい」と論文に書き残しており、幣原の発案と結論づけたとみられている。だが、書簡に具体的に何が書かれているかは知られていなかった。

『東京新聞』を素直に読んだ人は、高柳賢三とマッカーサーとが憲法の制定過程について書簡を交わしたことは知られていたが、「具体的に何が書かれているかは知られていなかった」と思うだろう。

## マッカーサー書簡はよく知られている話

だが、これは事実とは異なる。書簡の中身は既に知られていた。一九六一年に憲法調査会が発行した『憲法制定の経過に関する小委員会報告書』に、高柳の質問に対するマッカーサーの返信が次のように報告されている。

戦争を禁止する条項を憲法に入れるようにという提案は、幣原首相が行なつたのです。首相は、私の職業軍人としての経歴を考えると、このような条項を憲法に入れることに対して私がどんな態度をとるか不安であったので、憲法に関しておそるおそる私に会見の申し込みをしたといつておられました。私は首相の提案に驚きましたが、首相に私も心から賛成であるというと、首相は明らかに安どの表情を示され、私を感動させました。

（前掲書、三三六頁）

若干訳文が異なるが、同じ手紙であることは明らかだ。従って、「書簡に具体的に何が書かれているかは知られていなかった」という『東京新聞』の記事は事実と異なるものだといってよいだろう。

また、次の指摘も、世論を誤って導く可能性のある指摘だ。

堀尾氏は「この書簡で、幣原発案を否定する理由はなくなった」と話す。

史料が事実なら、一部の改憲勢力が主張する「今の憲法は戦勝国の押しつけ」との根拠は弱まる。

（前掲『東京新聞』）

残念ながら、これらの指摘が意味を持つのは、この書簡の中身が、今回初めて明かされた発見であった場合に限る。だが、既に、この手紙の中身は周知のものだった。この書簡が存在していることを前提としながらも、「押しつけ憲法」であるとの議論が展開されてきたのだから、今回の書簡の公表によって「この書簡で、幣原発案を否定する理由はなくなった」と断言することはできないし、「『今の憲法は戦勝国の押しつけ』との根拠」が「弱まる」こともない。

この手紙の存在は、憲法の制定過程に興味を持つ人間なら、知っていた話なのだ。「書簡に具体的に何が書かれているかは知られていなかった」との指摘は、事実誤認であるから、速やかに訂正すべきであろう。

## 幣原喜重郎総理が提案した戦争放棄条項に驚愕したマッカーサー

それでは、この書簡をどのように解釈すべきなのか。

実は、マッカーサー自身が執筆した『マッカーサー回想記』（朝日新聞社、一九六四年）と幣原の遺《のこ》した『外交五十年』（中公文庫 BIBLIO、二〇〇七年）の中に、まるで示し合わせたかのような不思議な記述がある。

それはマッカーサーと幣原が憲法の中に戦争、戦力の保持の禁止する条文を入れることが決定した際の記述だ。

まずは『マッカーサー回想記』から、重要な記述を引用しながら、二人の会見を再現してみたい。

一九四六年一月二十四日の正午、幣原がマッカーサーを訪れた。表向きの理由は、彼が病気の際に、マッカーサーがペニシリンを贈ったので、そのお礼ということだった。だが、それはあくまで表向きの理由で、幣原はマッカーサーに対して何か言い出したいような素振《そぶ》りを見せていた。マッカーサーが幣原に発言を促すと、幣原は新憲法に関して話し始めた。

『マッカーサー回想記』は次のように綴られている。

首相はそこで、新憲法を書上げる際にいわゆる「戦争放棄」条項を含め、その条項では同時に日本は軍事機構は一切もたないことをきめたい、と提案した。そうすれば、旧軍部がいつの日かふたたび権力をにぎるような手段を未然に打消すことになり、また日本にはふたたび戦争を起す意志は絶対にないことを世界に納得させるという、二重の目的が達せられる、というのが幣原氏の説明だった。

（下巻一六四頁）

これに対するマッカーサーの対応も『回想記』に記されている。

私は腰が抜けるほどおどろいた。長い年月の経験で、私は人を驚かせたり、異常に興奮させたりする事柄にはほとんど不感症になっていたが、この時ばかりは息もとまらんばかりだった。

（同右）

なぜ、マッカーサーは幣原の戦争放棄の提案に驚愕したのか。それは、マッカーサーが長年の戦争経験から、「戦争を嫌悪する気持」が「最高度に高まっていた」からである。そして、マッカーサーは幣原に向かって「戦争放棄は自分の夢だった」と語ったのだ。

これに対して、今度は幣原が驚いたという。マッカーサーは幣原の感激を次のように記している。

　氏はよほどおどろいたらしく、私の事務所を出る時には感きわまるといった風情で、顔を涙でくしゃくしゃにしながら、私の方を向いて「世界は私たちを非現実的な夢想家と笑いあざけるかも知れない。しかし、百年後には私たちは予言者と呼ばれますよ」といった。

（下巻一六五頁）

マッカーサーの記述に従えば、幣原は新憲法を起草する際に、戦争放棄条項を定める必要があると考えていた。ちょうどマッカーサーも、幾度も悲惨な戦争経験を積み、戦争そのものを嫌悪していたため、この幣原の提案を受け入れ、意気投合したということになる。

幣原は『外交五十年』という著作の中で憲法の戦争放棄に関して、次のように綴っている。

　憲法の中に、未来永劫そのような戦争をしないようにし、政治のやり方を変えることにした。つまり戦争を放棄し、軍備を全廃して、どこまでも民主主義に徹しなければならない（中略）。よくアメリカの人が日本へやって来て、こんどの新憲法というものは、日本人の意思に反して、総司令部の方から迫られたんじゃありませんかと聞かれるのだが、それは私の関する限りそうではない、決して誰からも強いられたのではないのである。

（二二一頁）

マッカーサーの記述と同様に、憲法に戦争放棄という条項を思いつき、新憲法にそうした条項を挿入したのは、自分だと述べている。この二つの回想記の内容は正確な内容を綴ったものなのか、それを高柳は手紙でマッカーサーに直接確認したのだ。

日本国憲法の戦争放棄に関しては、マッカーサーも幣原も、幣原が言い出したことだと証拠づける本を出版し、さらに、マッカーサーは質問に対して「幣原首相が行った」と断言している。だから、日本国憲法の戦争放棄は、幣原の提案によるものだ、と結論づけたくもなるが、それは性急すぎる。

## 記述内容を鵜呑みにできない「マッカーサー回想記」

まず挙げなくてはならないのは、『マッカーサー回想記』の記述の信憑性である。マッカーサーの回想記には事実を誇張した記述だけでなく、明らかに事実に反している記述が存在する。例えば、一九〇五年をマッカーサーは次のように回顧している。

十月のはじめに私は突然、日露《にちろ》戦争観戦のため日本に派遣されている私の父のもとへ行けという命令を受けた。私はこの観戦で多くのことを見、聞き、学んだ。英人の観戦者イアン・ハミルトンが生々しく描写しているように「すばやい進撃。部隊が展開された。

すさまじい攻撃。英雄的な白兵戦。しかし、防衛陣地は頑強だ。ひたすらに進撃する密集した部隊。飛び交う砲弾、するどい小銃の弾丸の音をものともせず、ただひたすらに前へ。真っ赤な戦場。いたるところにちらばる真っ白な死体」も見た。（上巻六一頁）

日露戦争を観戦し、激戦を目撃したかのように記述してある。だが、このほとんどすべてが虚偽の記述なのだ。

確かにマッカーサーは十月十日にサンフランシスコから日本に向かって旅立った。だから、日本に向かって旅立ったという記述に嘘はない。しかし、思い出すべきなのは、日露戦争が終結した日時だ。日露戦争は一九〇五年の九月五日、ポーツマス講和条約の締結によって終了している。すなわち、マッカーサーが船に乗り込む十月十日以前に戦争は終わっている。

従って、マッカーサーはまったく見たこともない戦争について、これだけ大袈裟な記述をしていることになる。この一事を以てしても、マッカーサーの回想記を鵜呑《うの》みにすることはできないというべきだろう。

## 涙を流しながら新憲法を制定した幣原総理

だが、より重要なのは幣原の記述についてである。幣原の記述に関しては、こうした記述が幣原の本心ではなかったと強く主張する人たちが存在しており、それらの主張に耳を傾けないことは、著しく公平性を欠くことになる。

憲法学者の西修《にしおさむ》氏は、『日本国憲法はこうして生まれた』（中公文庫、二〇〇〇年）の中で、憲法の戦争放棄に関して、いわば「幣原喜重郎提案説」を否定する人々の、貴重な声を記録している。

まずは幣原喜重郎の息子の道太郎《みちたろう》氏の指摘だ。


「（略）新憲法を日本人の自家製と思ひ込ますマッカーサーの企てに抗す術《すべ》もなく、転嫁された全責任を一身に負い、無念と諦観を真実への沈黙に托《たく》し、心にもなき言辞に余憤を籠《こ》め、一縷《いちる》の期待を国家の将来に寄せた屈辱、哀憐の宰相としての幣原を〝平和憲法〟生みの親として讃《たた》えるが、これこそ幣原を誤解するも甚だしきものであり、幣原を冒涜《ぼうとく》するものでもある」

（二一一頁）


少々、書き方が難解で激越な調子を帯びているが、いわんとすることは明快だ。要するに、幣原は平和憲法の生みの親ではなく、そのような役回りを演じさせられただけであり、その幣原を「〝平和憲法〟生みの親として讃える」ことは、幣原を冒涜するものにほかならないということだ。

道太郎氏の主張は理解できるが、この指摘だけでは、幣原が戦争放棄を提案しなかったという証拠にはならない。

幣原が戦争放棄の提案者ではなかったという直接的な証言はないが、幣原がマッカーサーが作った憲法草案を苦々しい思いを抱きながら、受け取ったという証言なら、残されている。福島県知事をしていた増田甲子七《ますだかねしち》が一九四六年二月に幣原と会見した際の幣原の発言として次の言葉を西氏に伝えている。

「(略)増田君、私は今、涙が出てしようがない。新憲法案が提示されて、私はおおよそのところを読み終えた。おそらく君から見ると、不満な点が多々あることだろうと思う。しかし、天皇制が護持されている。この一事から、一応満足して、この憲法を通さなければならないだろう(略)」

(二一二頁)

幣原は語りながら、ハンカチで涙をぬぐっていたという。

増田は、幣原の発言から、幣原が新憲法を「通さなければならない羽目になった」という意味合いを感じ取ったという。

## GHQからの弾圧を和らげるために歴史を捏造?

それではなぜ、幣原は自らの著作で、自分自身が「平和憲法」の発案者であるごとき記述を遺したのか、という疑問が生ずる。

この疑問の答えとなるのが、幣原と親交があった紫垣隆《しがきたかし》に向かって、幣原が伝えたという言葉である。この発言は紫垣の雑誌『大凡《だいぼん》』に記されている。

『今度の憲法改正も、陛下の詔勅にある如く、耐え難きを耐え、忍ぶべからざるを忍び、他日の再起を期して屈辱に甘んずるわけだ。これこそ敗者の悲しみというものだ』

（『日本国憲法はこうして生まれた』二〇八頁）

こう語った幣原は、執筆中の原稿を指しながら、さらに続けたという。

『この原稿も、僕の本心で書いているのでなく、韓信《かんしん》が股をくぐる思いで書いているものだ。何《いず》れ出版予定のものだが、お手許《てもと》にも送るつもりだから読んでくだされば解《わか》る。これは勝者の根深い猜疑《さいぎ》と弾圧を和らげる悲しき手段の一つなのだ』

（二〇九頁）

幣原が紫垣に指し示した原稿とは、おそらく『外交五十年』の原稿を指していたのだろう。これは確固たる証拠がないのであくまで推論の域を超えないが、当時幣原が執筆した原稿といえば『外交五十年』を想定するのが妥当だろう。

仮に紫垣が綴った幣原の発言が、すべて真実だとしたら、『外交五十年』とは、歴史の真実を綴ったものなどではない。幣原が自らの手で歴史を偽造、捏造《ねつぞう》したことになってしまう。もちろん、幣原が歴史をねじ曲げた記述を遺したのは、自らの功名心のためではない。「勝者の根深い猜疑と弾圧を和らげる悲しき手段の一つ」として、歴史を捏造したというのだ。恐るべき話というよりほかない。

　これらの証言がすべて真実であったと断言することはできないが、逆にすべてが虚偽であったと決めつけるわけにはいかない。従って、幣原が戦争放棄に関する条項を憲法に取り入れるべきだと主張したとの『外交五十年』における記述は疑わしい、としておくのが妥当であろう。

　だが、幣原の記述の中で明確に虚偽であるといえる箇所もある。例えば、先ほど引用した中にある幣原の言葉を見直してみよう。

　よくアメリカの人が日本へやって来て、こんどの新憲法というものは、日本人の意思に反して、総司令部の方から迫られたんじゃありませんかと聞かれるのだが、それは私の関する限りそうではない、決して誰からも強いられたのではないのである。

　これは明白な嘘である。幣原の命によって松本《まつもと》烝治《じょうじ》大臣を中心として起草された新憲法案は、マッカーサーの腹心たちによって、一蹴され、自分たちの起草した憲法草案を政府案として発表せよと迫られたのが歴史の真実だ。

　一九四六年二月十三日。日本政府がまとめた松本案についてのＧＨＱ（連合国軍最高司令官総司令部）側からの肯定的な意見をもらえると期待しながら、政府代表者が会見を行った。松本烝治、吉田茂、白洲次郎《しらすじろう》、そして通訳の長谷川元吉《はせがわもとよし》が日本側の出席者だった。
これに対し、GHQ側の出席者はコートニー・ホイットニー民政局長（陸軍准将）、チャールズ・L・ケーディス局次長（陸軍大佐）、アルフレッド・R・ハッシー海軍中佐、マイロ・ラウエル陸軍中佐といった顔ぶれだった。
マッカーサーの腹心たちは、松本たちに向かって、日本政府の改正案を受け入れることができないと断言し、彼ら自身が起草した憲法草案を日本国政府案として発表することを提案してきた。要するに食料品の偽装表示のようなものだ。悪徳業者が中国産の鰻《うなぎ》の産地を偽装して日本産の鰻として消費者に売りつけるような事件が時折起こるが、この悪徳業者の手口とまったく同じやり口だ。GHQが作った憲法草案を日本政府が作った憲法草案だと嘘をつけと命じたのだ。
さらに、ホイットニーは次のように続けた。

「（略）最高司令官は、天皇を戦犯として取り調べるべきだという外部からの高まりつつある圧力から守ろうとしてきました。（中略）最高司令官は、この規定を受け入れれば、天皇は実際に攻撃されることはないだろうと最高司令官は考えています（略）」

（日本国憲法はこうして生まれた』一九二頁）

要するに天皇を戦争犯罪者として裁かせたくないのであれば、この憲法草案を受け入れよという脅迫だ。当時、アメリカ国内を含む国際世論は、天皇を戦犯として処罰せよとの強硬派が多く、日本政府としては、何とかして天皇を守らねばならぬと必死だった。

幣原が増田に向かって、涙ながらに「（引用者注＝GHQの憲法草案では）天皇制が護持されている、この一事から一応満足して新憲法案を通さなければならない」と語ったという話は既に書いたが、天皇をいかに守り抜くかこそが、当時の日本政府の最大の課題であったことを閑却すべきではなかろう。

天皇を守る代わりに、憲法草案を呑《の》め、というのがGHQの意向にほかならなかった。

GHQは、日本政府代表に、新憲法草案を読む時間を与え、席を立った。このとき、松本、吉田らは顔面蒼白《そうはく》であったと言われている。

時を置いて、再び現れた彼らは屋外で「アトミック・エナジー（ヒート）」を楽しんできた、と意味深な言葉を発した。これを太陽光と訳す日本人もいるが、評論家の江藤淳《えとうじゅん》は、『一九四六年憲法―その拘束』（文春文庫、一九九五年）において、こうした翻訳を誤訳だと断じている。なぜなら、この「アトミック・エナジー」とは、「原子力」を意味する言葉だからだ。

彼らは、この会話の半年前に、広島、長崎の人々を「アトミック・エナジー」によって殺戮し尽くすという野蛮に手を染めた人々であった。

そうした人々が冗談めかして「アトミック・エナジー」などという言葉をつかえば、その含意するところは明らかだ。日本政府の代表者たちを脅迫したのである。

武装解除された日本は、圧倒的な暴力によって天皇を人質とされ、GHQの憲法草案を日本国政府草案として認め、発表するように強制されたのである。

従って、幣原が『外交五十年』で日本国憲法がアメリカによって強制されたものではなく、まるで自発的に憲法改正案が書かれたように述べている箇所は、虚偽であったと断言せざるをえない。

## 当初の日本政府案に反映されていなかった幣原案

もう一度、幣原がマッカーサーに戦争放棄に関して積極的に提案し、マッカーサーの了承を得たという話に戻りたい。

私がこの話の信憑性に疑問を感じざるをえないのは、日本政府が作った憲法草案と幣原の提案が食い違っているからだ。

仮に、マッカーサーと幣原が後年回顧したように、幣原が戦争放棄条項の提案者だとするならば、ほかならぬ幣原が総理大臣を務める日本政府が作成した憲法草案の中に、戦争放棄に関する条項が存在しなければならない。

新憲法の起草を依頼された日本国の総理大臣が、当時の最高権力者であったマッカーサーの了解を取りつけた条項が、日本政府案に存在しないはずはないからだ。

だが、日本政府案の中には、幣原が提唱し、マッカーサーが感激しながら承認したという戦争放棄に関する条項が存在しない。

この事実は何を意味しているのか。

この事実は、幣原がＧＨＱによって憲法草案を強制されるまで、せっかくマッカーサーから了承を取りつけたはずの戦争放棄に関する条項を憲法草案に挿入しようとした形跡がないことを意味している。

なぜ、意を決してマッカーサーに話しかけ、共感と感激をもって歓迎された戦争放棄に関する条項を、幣原は日本政府案に挿入しなかったのか。

それは、幣原の息子や友人たちが主張したように、そのような事実が存在しなかったからではないのだろうか。幣原がマッカーサーに戦争放棄に関する条項を申し出て、感激とともにマッカーサーが承認したという話自体が後から作られた虚構の作り話であったからこそ、ＧＨＱに一蹴されることになった新憲法に関する日本政府案には、戦争放棄に関する条項が存在しないのではないだろうか。

仮にそうだとするならば、憲法に関する作り話をマッカーサーと幣原が示し合わせたかのように語っているのは何のためだったのだろうか。

幣原は知人の紫垣に対して、原稿を指差しながら、次のように語ったとの話が記録されていることは既に書いた。

『この原稿も、僕の本心で書いているのでなく、韓信が股をくぐる思いで書いているものだ。（中略）これは勝者の根深い猜疑と弾圧を和らげる悲しき手段の一つなのだ』

「本心で書いているのでなく」」、という箇所はわかりやすいが、解釈が難しいのが、「勝者の根深い猜疑と弾圧を和らげる悲しき手段の一つ」という箇所だ。原稿が極めて政治的理由で書かれたものであることを示唆しているのだろうが、一体、これは何を意味しているのか。

この意味を探るために、我々は、当時の憲法をめぐる言論状況を確認しておく必要があるだろう。

## 占領下におけるすさまじいＧＨＱの言論弾圧

憲法草案の強制が行われた後、徹底的な検閲によって憲法についての自由な議論が封殺されていた。憲法草案は日本政府が作ったのではなく、ＧＨＱが作成し、強制したものだが、その強制された憲法草案に対して自由に議論することも許されなかったのだ。

占領下の日本に言論の自由はまったく存在しなかった。

ＧＨＱの占領下の日本では徹底的な検閲が行われ、すべての新聞、図書、雑誌が検閲を受けていた。江藤淳の『閉された言語空間』（文藝春秋、一九八九年）が、被占領期のＧＨＱによる言論弾圧の実情についての研究の嚆矢《こうし》だが、いまだにＧＨＱが日本において過酷な言論弾圧を繰り返していたことを知らない人が多いのは、まことに残念というよりほかない。軍国主義者たちが起こした暗い戦争の時代が終わり、ＧＨＱによって明るい民主主義の時代が到来したというような単純な話ではないのだ。

日本を占領したＧＨＱは徹底的な検閲によって言論を弾圧し、日本国民の思想改造を試みたのだ。

ＧＨＱの検閲で「削除または、発行禁止処分の対象」となる項目の一つは次のように定められていた。

㈢ＳＣＡＰが憲法を起草したことに対する批判
日本の新憲法起草に当って、ＳＣＡＰが果たした役割についての一切の言及、あるいは憲法起草に当ってＳＣＡＰが果たした役割に対する一切の批判
（二三八頁）

ここでいうＳＣＡＰとは連合国最高司令官総司令部、すなわちＧＨＱのことである。ＧＨＱが新憲法を制定したことを触れてはいけないというのだ。

注意しなくてはならないが、これはＧＨＱが憲法を制定したことに対する批判が禁止されたのではない。ＧＨＱが憲法を制定したという事実そのものに対する言及が禁止されたのだ。

従って、新憲法を歓迎する趣旨の内容であっても、ＧＨＱが新憲法を起草した事実に触れた文書は検閲の対象となり、削除または発行禁止処分の対象となったのだ。あらゆる新聞、図書、雑誌の記事において、ＧＨＱが憲法草案を起草したことに触れてはいけなかったのだ。

なお、日本国憲法第二十一条では、次のように言論の自由が謳《うた》われ、検閲の禁止が明らかに

されている。

集会、結社及び言論、出版その他一切の表現の自由は、これを保障する。検閲は、これをしてはならない。通信の秘密は、これを侵してはならない。

検閲を禁止する憲法が、検閲によって成立するというのは、悲しい矛盾以外の何ものでもなかろう。

このGHQの憲法の起草者隠し、いわば、アメリカ産の憲法の産地偽装を徹底する様子を自らもGHQの一員だったハリー・E・ワイルズは次のように記している。

> ホイットニーの作り話によると、新憲法草案は着想も起案も一から十まで日本側の手で作られたものだということになっていた。それに騙《だま》される日本人はめったになかったが、厳密な検閲によって、新憲法がアメリカ製であることをほのめかすような言辞は、どんなに遠まわしないい方をしたものでも、いっさい印刷発表されることが防止されていた。
>
> （H・E・ワイルズ『東京旋風』時事通信社、一九五四年、七一頁）

徹底した検閲によって、日本国民は憲法について自由に議論することすら禁じられていたのだ。GHQはGHQが憲法草案を日本国政府に強制したという事実を隠蔽するために必死だった。日本人が憲法を作ったのだという「作り話」で日本人を洗脳してしまおうと画策していた。

## あえて虚偽を書き残した幣原総理の狙い

改めて考え直してみたい。勝者であるＧＨＱの「根深い猜疑と弾圧を和らげる」ために書かれたという原稿に、幣原が戦争放棄に関する憲法草案の起草者であると主張した一文が残されている意味は何なのか。

勝者が必死になって隠蔽しようとしていたのが憲法の押しつけという事実だった。あくまで推測、憶測の域を出ないが、憲法強制という事実の隠蔽に協力する目的で書かれたのが『外交五十年』だったのではないだろうか。新憲法の戦力の放棄と戦争の禁止という驚くべき条項は、決してＧＨＱによって強制されたのではなく、幣原自身が提唱したのだ。このように主張することによって、勝者が憲法を強制したという事実を隠蔽することに幣原が手を貸したのではないだろうか。

だが、なぜ、そこまで幣原がしなければならなかったのか、疑問は疑問のまま残っているのも事実だ。

こうした推測を踏まえたうえで、もう一度、『外交五十年』における幣原の記述に戻ってみよう。

憲法の中に、未来永劫そのような戦争をしないようにし、政治のやり方を変えることにした。つまり戦争を放棄し、軍備を全廃して、どこまでも民主主義に徹しなければならない（中略）。よくアメリカの人が日本へやって来て、こんどの新憲法というものは、日本人の意思に反して、総司令部の方から迫られたんじゃありませんかと聞かれるのだが、それは私の関する限りそうではない、決して誰からも強いられたのではないのである。

繰り返しになるが、後半の日本人の意思で憲法が作られたという記述は明らかな虚偽であり、あまりに白々しい嘘だ。いくら占領期の日本において徹底した検閲が行われたとはいえ、将来の世代にまでこうした嘘をつき通せるはずはない。鋭敏な幣原がそうした事実に気づかなかったはずはない。

そう考えてみるならば、白々しい嘘を幣原があえて書いていた、と仮定してみたらどうだろうか。

つまり、後世必ず真実が明らかになり、虚偽であることが明かされるような途方もない虚偽を記す。そうして将来の日本国民に本書の記述が必ずしも真実を記したものではないことを示そうとした、と考えることはできないだろうか。

幣原は、新憲法はアメリカ、総司令部が強制したのではなく、日本人の意思によって作られたという虚偽を記載し、その直前に自分自身が戦争放棄について憲法に挿入したという話を記載している。明らかな虚偽を記載することによって、直前の逸話も虚偽であることを示そうとしているというのは、深読みのしすぎであろうか。

真実はいまだ闇の中だ。だが、安易に幣原の提案によって戦争放棄の条項が日本国憲法に取り入れられたと断定することはできない。

［初出］幣原喜重郎が憲法九条の発案者なのか？（メールマガジン『岩田温の「政治哲学講義」』二〇一六年九月十二日）

# 反安倍一色のテレビ・ワイドショー

## ネットで情報収集する若者

テレビを見ると馬鹿になる――幼少期、両親から言って聞かされた台詞である。幼少期は反発したものだが、今となっては両親がテレビを見せない教育をしてくれたことに大変感謝している。幼い頃からの習慣で、私は基本的に家でテレビを自発的には見ない。何か特別な事情があればテレビをつけるが、ほとんどテレビをつけることがない。「よくそんなに本を読む時間があるね」と言われることも多いが、その理由の一つはテレビを見ないからだ。テレビを見る時間があるならば、本を読むか、人と会う。テレビを見るとダラダラ時間を過ごしてしまうので、テレビを見ないだけで時間ができるのだ。

ただ、困ることがないわけでもない。「好きな女性のタイプは?」という類いの質問をされた際、女優の名前がまったく出てこないし、誰かの容姿を説明する際、芸能人の名前が思いつかない。話している相手には常識と思われているような芸能人や女優もわからないのである。相手に少々不愉快な思いをさせてしまい申し訳なく思うが、まったく知らないのだから仕方ないだろうと開き直っている。

私が大学生だった頃、テレビを見ない人は少数派だったように思う。私の家にテレビがないのを見て、資格試験の勉強に取り組む友人が自宅のテレビを捨てるという事件があった。周囲の人々がテレビを捨てる決断はすごいと褒めていたのを覚えている。テレビなしの生活は考えられないという学生が多かった。家に一人でいると寂しいのでテレビをつけると言っていた友人もいた。

しかし、最近、大学生と話しているとテレビをまったく見ないという学生が結構多いことに気づかされる。家にテレビを置いていない一人暮らしの学生も少なくない。若者のテレビ離れが進んでいるのは間違いないだろう。彼らはテレビの代わりにネットを使う。テレビ番組を視聴するよりもYouTubeなどの動画を見ることが多いようだ。テレビがないより携帯電話がないことの方に不安を感じるそうだ。スマートフォンでネットを見るという学生が非常に多い。

なお、家で新聞を読んでいるという学生も少ない。一人暮らしの学生で、新聞を購読しているという学生は、めったに存在しないと言っても過言ではない。以前、評論家の宮崎正弘《みやざきまさひろ》氏が、「昔は学生街で新聞が一番売れた」と話してくれて、びっくりしたことを思い出す。新聞の代わりに学生たちはネットで情報を収集している。

## ワイドショーをよく見る女性とシニアが安倍総理に批判的？

ネット情報は玉石混淆なので、おかしな情報を信じ込んでしまうのではないかと心配したこともあるのだが、考えてみれば、日本のテレビや新聞の情報を鵜呑みにするのも愚かである。テレビや新聞には正確な報道、記事も多いが、「中立」的な装いで読者を特定の方向に導こうとする報道や記事も多い。とりわけテレビのワイドショー、報道番組は鵜呑みにできないものばかりである。

ネット、テレビ、新聞のいずれの媒体から情報を得るにせよ、真偽を見分けるリテラシーが重要だ。テレビや新聞が言っているから正しいわけではないし、ネットの情報だからフェイク・ニュースだと決めつけるのも愚かなことだろう。

ただ、確実に言えるのは、既存のメディアに加えて、ネットが新たな情報源となったのは間違いない。ある意味では、テレビの影響を脱した脱テレビ世代が登場してきたといってもよいだろう。

テレビ世代と脱テレビ世代を比較すると、どのような政治的傾向があるのだろうか。この問題を考える際に非情に興味深い記事が『日本経済新聞』に掲載されていた。論説フェローの芹《せり》川洋一《かわよういち》氏の『動かすTV 守るネット層』（六月四日）との記事だ。

安倍内閣の支持をめぐる世代論からテレビに影響を受ける人々、ネットに影響を受ける人々を探ろうという試みだ。芹川氏が立てた仮説の第一は、女性とシニアにおいて安倍政権の支持率が低い原因はテレビのワイドショーの影響によるものではないか、という仮説だ。ある調査会社が調べたところ、一月七日から五月十三日まで、いわゆる「森友問題」に関する放送時間は二百五十六時間二十九分に及び、その半分以上にあたる百四十六時間五十七分がワイドショーで放送されたという。ワイドショーを眺めている人がどれくらい存在するのかわからないが、ワイドショーを見る人の多くが、かなりの時間、「森友問題」に関する報道を眺めたことになる。

## ネット世代の若者は安倍内閣支持が多い

周知のようにワイドショーでは極めて面白おかしく事件を報道し、同じような言葉を何度も繰り返す。残念ながら私は真剣にワイドショーを見るわけではないので、ワイドショーについて事細かに分析することはできない。時折、昼食時にお店で流れているワイドショーを眺めることがあるという程度しか見たことがない。だが、昼食時にぼんやり眺めていると、あまりに単純に事件や物事を解説しているものが目につく。粗雑な善悪二元論で、誰かを極めて批判的に取り上げているようにも思われる。大衆は複雑な現実を見つめるよりも、単純でわかりやすい説明を好む傾向があるためだろう。大衆を扇動するためにヒトラーはわかりやすい敵を作り上げる必要を説き、実践した。ワイドショーの手法は、ヒトラーの大衆扇動術を想起させる。

先日、偶然眺めたワイドショーでは日本大学のアメフト部の事件について報道されていた。何度も同じ映像が繰り返され、醜悪な監督と勇気を出して記者会見した学生が対照的に報道されていた。一方には巨悪が置かれ、他方には純粋たる善が置かれていた。繰り返し、繰り返し、同じような映像を見せられ、コメンテーターの単純極まりないコメントを聞かされていれば、多くの人が粗雑な善悪二元論に陥ってしまうだろう。一種の不気味さを感じながら、私は冷ややかに報道を眺めていた。

冷静に考えてみれば、このアメフトの指導者が卑怯《ひきょう》で汚い指示を出したと推測されたが、そうした指示に従って実行したのは学生である。学生のみを責め立てるのもおかしいが、実際に卑劣な行為を実践した学生を清廉潔白で真面目な好青年としてのみ報道するのも奇妙である。仮にこれが殺人事件であれば、殺人を教唆した人間のみが批判され、殺人犯が許されるということにはならないだろう。そして、この報道が何日も繰り返されるべき報道なのか自体も疑問を感じざるをえない。人が殺されたわけでもない事件を延々と報道する意味はあるのかと思わずにはいられなかった。ほかに報道すべき問題があるはずだろう。

記事にあるように、繰り返し繰り返し「森友問題」がワイドショーで報道されたのならば影響を受けた人は少なくないだろう。ワイドショーを見ている人の割合が多い女性、シニア層で安倍政権への支持率が低い理由の一つは、テレビの問題だという仮説には説得力がある。

逆に、この記事の調査に従えば、安倍政権を支持する人が多いのは、二十代、三十代の男性だ。この世代は情報収集にネットを駆使する世代でもある。公益財団法人・新聞通信調査会の調査では、二十代、三十代で「情報源として欠かせない」メディアとしてネットを挙げる人が七八パーセントにも上るという。ネット世代が安倍政権を支持しているということだ。ワイドショーをはじめとするテレビを見る人々が安倍政権に批判的で、ネットを駆使する世代が安倍政権を擁護しているとの観点は極めて興味深い。

## リベラルなテレビに影響を受けた「テレサヨ」たち

ネットを駆使する人々が「ネット右翼」と批判されることが多い。確かに、ネット上には根拠の不明確なままに特定の民族を誹謗《ひぼう》中傷する「ヘイトスピーチ」が存在している。こうしたヘイトスピーチをネット上で繰り返す人を指して「ネット右翼」というならば、彼らは批判されるべき存在にほかならないだろう。だが、「ネット右翼」という言葉は、それ以外の文脈で使われることが多い。

◎家族、郷土、そして日本が好きだ。
◎我が国の歴史を誇りに思う。
◎諸外国の不当な非難へは反論すべきだ。
◎日の丸、君が代は国旗、国歌として尊重すべきだ。
◎憲法を改正すべきだ。

こうした価値観の持ち主を「右派」とするのではなく、「ネット右翼」と呼ぶのはなぜなのだろうか。ネットの存在さえなければ、こうした価値観は生まれなかった、あるいは、若い世代にこうした価値観が広まらなかったという「リベラル」の焦りが「ネット」への敵視につながっているのではないだろうか。なお、「リベラル」と括弧つきで表現しているのは、日本で

「リベラル」を自称している人たちは本来のリベラリズムとは無関係だと私が判断しているからである。彼らは「リベラル」を騙る偽善者と呼ぶ方が適切である。

テレビを見ずにネットで情報を収集する脱テレビ世代が「ネット右翼」ならば、基本的にテレビを見ることによって情報を収集するテレビ世代を何と呼ぶべきなのか。私にはこの人々がまったくの中立的な立場の人々だとは思えない。テレビの「リベラル」なコメンテーターの言葉を鵜呑みにすることによって、知らず知らずのうちに「リベラル」の主張を常識だと思い込まされている左派、「テレビ左翼」、略して「テレサヨ」と呼ぶべき人々ではないだろうか。

「テレサヨ」の特徴というのは、自分はまったく中道で、中立的な立場にあると自己認識しながら、実際には、テレビの「リベラル」なコメンテーターの思惑通りに世の中を解釈している。要するに、無自覚なサヨクなのだ。今でいえば、なぜか理由はわからないが、安倍政権は怪しいことをやっているに違いないと思い込んでいる人たちを指すのではないだろうか。

近年の選挙結果、支持政党などを世代別に眺めてみると、高齢者ほど左派への支持率が高く、若い世代ほど保守派への支持率が高い。「平和憲法で平和が守れる」という言葉を素直に信じられる世代は、非常に高齢化しているということだろう。

「テレビを見ると馬鹿になる」との教育を受けた私としては、テレビを見ない人々が増えつつあることを非常に嬉《うれ》しく思う。さようなら、テレサヨ。

［初出］ ワイドショーを見るとアンチ安倍になる（『WiLL』二〇一八年八月号）

# 第三章

# 「憲法改正」ニュースのおかしな議論

# 現実を直視せずに偽りの立憲主義を叫ぶ野党

## 安保法制を的外れな言葉で反対

「平和の敵」

何度もこの言葉が思い浮かんだ。老若男女、決して少なくない人々が、安倍政権が進めようとする安保法案に反対の声を上げた。冷静な批判の声よりも、論理を超えた絶叫に近い声で満ちているのが残念だった。

彼らは、日本の将来を憂えるからこそ、反対の声を上げたのだろう。その姿勢は非難されるべきではない。政権がおかしな政策を進めようとする際に、反対の声を上げることは民主主義社会で重要なことだ。

だが、問題は中身だ。

「徴兵制がやってくる」
「立憲主義が破壊される」
「戦争が始まる」

あまりに極端な言葉が並んでいた。

だが、冷静に振り返って見れば、これらの表現は極端で、事実に反するものであった。実際に、法案が成立して以降、徴兵制の導入などなされていないし、戦争も始まっていない。

湾岸戦争以降の国際政治の中で、集団的自衛権の行使は、日本の課題であり続けてきた。「なぜ、今なのか」と執拗に問い続けていた人もいたが、私などからすれば、「なぜ、今までこの問題を解決しようとしなかったのか」と反問したい気持ちになる。

多くの日本国民は、安全保障に関して知識が乏しい。小学校、中学校、高校、大学を出ても、「個別的自衛権」「集団的自衛権」「集団安全保障」等の基礎的な知識を身につける機会がない。これは非常に大きな問題だ。だから、極端な議論が展開されても、その極端さが見抜けない。例えば、集団的自衛権を行使すれば、日本は戦争に巻き込まれる、という話ばかりが繰り返された。「有識者」と称する人々がそういう話を繰り返すのであれば、多くの国民が不安に駆られるのは当然と言ってもいい。

だが、集団的自衛権は世界中、どこの国でも保持しているし、ほとんどの場合、自由に行使ができる。しかし、世界中で戦争が始まっているだろうか。

日本だけが集団的自衛権を行使容認になると、直ちに戦争が始まるという議論は、日本を特別に貶めるヘイトスピーチだと言っても過言ではない。日本も世界の各国も対等だ。日本だけが集団的自衛権の行使が許されず、仮にその行使が決定した瞬間に戦争になるというのは、論理的に無理のある議論だ。

## 自衛隊を違憲の存在としながら改憲する気がない憲法学者

安全保障の議論は、空理空論であってはならない。集団的自衛権の行使容認によって、「立憲主義」が破壊されるという議論もおかしな議論だ。調べてみると、今回「立憲主義が破壊される」と叫んでいる人の多くが、PKO法案にも反対して「立憲主義が破壊される」と叫んでいた人々だ。

しかし、PKO活動が可能になって、二十年以上の歳月を経た現在、PKO活動で立憲主義が破壊されるという主張はなされていない。自衛隊が海外に派遣され、自然災害等々で苦しんでいる人々を救援していることは、多くの日本国民にとって誇りだ。弱い立場にある人々を救援して、立憲主義が破壊されるとは、滑稽な空理空論でしかない。

多くの憲法学者は、本音では自衛隊の存在こそが「違憲」だと考えている。多くの事例を拙著『平和の敵 偽りの立憲主義』（並木書房《なみきしょぼう》、二〇一五年）で挙げておいたから参照していただきたいが、ここでは一つだけ挙げておく。

憲法学者のほとんどがそう解釈するように、自衛隊を違憲とみることが憲法解釈としては自然であり、したがって存在そのものが違憲である自衛隊を前提とした自衛隊の海外派遣（派兵）も当然に違憲であり、自衛隊の派遣を内容として含むＰＫＯ協力法もまた当然に違憲とみなさざるを得ないものである以上、もし本当に自衛隊の存在やＰＫＯ協力法が必要であるなら、そして国民がそれを本当に望んでいるとする自信があるなら、改憲の手続きを先行させるべきであったろう。

（横田耕一《よこたこういち》「立憲主義が危機に瀕《ひん》している」『世界』一九九二年八月号、四〇頁）

私は彼の論理は極端なもので、まったく賛同できないが、正直な議論だとは思う。自衛隊が違憲というならば、ＰＫＯへの派遣も違憲だろうし、集団的自衛権の行使容認も違憲だ。だが、何にでも違憲と判断するこの憲法解釈では、我が国の安全保障体制は破壊される。非武装中立では国家を守れない。

本来であるならば、速やかに憲法を改正し、自衛隊の存在を憲法に明記すべきだ。だが、憲法改正がなされていないからといって、極端な憲法解釈によって安全保障体制を壊滅させるわけにもいかないのも当然だろう。

立憲主義が破壊されると叫んだ多くの憲法学者が「偽りの立憲主義」の信奉者であった。彼らの理屈に従えば、自衛隊の存在そのものが違憲なのだから、当然、その主張は「立憲主義を破壊する自衛隊を解体せよ」としなければならなかった。自衛隊を違憲だと認識しながら、集団的自衛権の行使容認によって、立憲主義が破壊されると叫ぶのは、国民を欺く偽りの立憲主義だ。

今回の対応で、最も残念な対応に終始したのが野党だった。

本来、リベラルとて現実を直視しなければならない。だが、彼らは現実を直視しなかった。「非武装中立」こそが正当な憲法解釈だと考えるような極端な憲法学者たちの意見につき従い、集団的自衛権の行使が立憲主義を破壊する行為であるかのような主張を展開した。しかし、野田佳彦前総理は、過去に集団的自衛権の行使容認の必要を説いていた。彼らは、立憲主義を否定するような危険な人物を総理大臣として選出したのだろうか。

そうではあるまい。野田前総理の指摘は、常識の範疇に属する指摘だった。我が国の安全保障体制をより堅牢《けんろう》なものとするために、集団的自衛権の行使は必要だったのだ。

平和の敵。それは現実を見つめようとせずに、偽りの立憲主義で国民を欺く「リベラル」な人々のことだ。

［初出］ 真の平和の敵はだれなのか 偽りの立憲主義を叫んだ民主党（『岩田温の備忘録』二〇一五年十二月三十日）

## 「憲法改正」を選挙の争点にしようとしない野党

### 民主主義の根幹であるはずの選挙を恐れる

安倍晋三総理が解散、総選挙の決断を下した。野党の政治家、そしてマスメディアの無責任なコメンテーターたちが「大義なき解散」との批判の声を上げている。また、北朝鮮の核ミサイルの脅威が存在する中、総選挙で政治的空白を作るのは危険だという議論もある。何とも不思議でならない。

なぜなら、野党の政治家たちは、つい先日まで解散、総選挙を求めていたからである。安倍政権を解散、総選挙に追い込み、退陣させると怪気炎を上げていた人々が、解散、総選挙に反対しているのだから、これは摩訶不思議《まかふしぎ》と言わざるをえない。

そしてさらに不思議なのは、「北朝鮮の脅威を必要以上に騒ぐな！」としたり顔で説いていた人々が「北朝鮮の脅威」を理由に解散、総選挙に反対していることである。まったく支離滅裂で、いい加減な非難だ。

朝日新聞は九月二十六日の「社説」で「首相にとって今回の解散の眼目は、むしろ国会での議論の機会を奪うことにある」と批判し、今回の選挙の争点を「民主主義の根幹である国会の議論を軽んじ、憲法と立憲主義をないがしろにする。そんな首相の政治姿勢にほかならない」と断定している。見識の低い主張と言わざるをえない。そもそも「民主主義の根幹」が「国会の議論」であるとの主張が見当違いである。民主主義の根幹とは選挙にほかならない。政治家が己の政治信条を訴え、国民に負託を求め、全存在をかけて闘う。この選挙こそが民主主義の根幹だ。選挙を恐れるような政治家は政治家としての資質がない。

## 北朝鮮に対抗するには憲法改正が必要

さて、それでは今回の総選挙の最大の争点は何か。それは「憲法と立憲主義」を蔑ろにする総理大臣の政治姿勢などという抽象的な問題ではない。現実を直視するか否かこそが今回の総選挙の最大の争点である。

戦後我が国の平和と繁栄を守ってきたのは、誰がどう考えてみても、自衛隊と日米同盟の存在があったからである。自衛隊、日米同盟なしに戦後日本の繁栄はありえなかった。しかし、こうした現実を直視せずに、戦後日本の平和を「憲法第九条」のおかげであると信じ込もうとする人々がいまだに存在している。彼らは日本国憲法を「平和憲法」と呼び、「平和憲法」を守ることが日本の平和を守ることにつながると信じ込んでいるのである。

日本国憲法では、「平和を愛する諸国民の公正と信義に信頼して、われらの安全と生存を保持しようと決意した」と謳いあげている。だが、これは事実に反する言葉だと言わざるをえない。日本国民の誰が核武装への道をひた走る北朝鮮の「公正と信義」に「信頼」しているのだろうか。「日本列島の四つの島は、チュチェ思想の核爆弾によって海に沈むべきだ。もはや日本は私たちの近くに存在する必要はない」などと公言する国家に我が国の平和を委ねるわけにはいかない。多くの国民がそう思っているはずだ。実際に「われらの安全と生存を保持」しているのは、自衛隊の方々が日夜平和のために汗を流しているからであり、堅牢な日米同盟が存在しているからだ。今回、安倍総理は自民党の公約に憲法第九条への「自衛隊の明記」を盛り込むことを公言している。保守派の中でも批判が多いことを私も承知しているし、本来、憲法第九条の第二項を削除すべきであるとも認識している。

## 具体的な説明をせず反対を叫ぶ野党

だが、政治とは、あくまで漸進的な営みだ。自分たちの望むすべてが実現できなければ、直ちに全面的に否定するという教条主義的姿勢は政治には似つかわしくない姿勢だ。現実に我が国を守っている自衛隊を憲法に明記するというのは、憲法が自衛隊についてまったく触れていない現状よりはよい。「政治は悪さ加減の選択である」と喝破したのは福沢諭吉《ふくざわゆきち》だが、その通りであろう。国家を守る自衛隊を憲法に位置づけるのは、少なくとも、まったく自衛隊の存在が閑却されている現在の憲法よりはよいといってよいだろう。

自衛隊の存在を憲法に明記せよという自民党に対し、野党は「第九条に自衛隊を明記することは認められない」と対決姿勢を明らかにしている。不思議でならない姿勢だ。なぜ、自衛隊を憲法上に明記することに反対するのか、その論拠を明らかにすべきであろう。まさか、野党の議員とて、共産党の政治家でなければ、自衛隊の存在を違憲だとまでは主張しないであろう。

それならば、なぜ自衛隊を憲法に明記することに反対するのか、その論拠を明らかにすべきであろう。いつまでも「平和憲法」を維持せよとの主張を繰り返すだけでは、野党はかつての社会党のように時代に葬り去られていくことになるだろう。

小池百合子都知事が立ち上げた「希望の党」に国民が一定の期待を寄せたのは、この政党が安全保障の問題で見識を示していたからだ。彼らは共産党とは明確に一線を画している。自民党とは理念を異にする政党ではあるが、共産党とも異なる政党である。民進党が愚か極まりなかったのは、自衛隊を「違憲」の存在だと位置づけている共産党と共闘をし、非自民反共産党という幅広い中道層の支持を得られなかった点にある。

自衛隊と日米安保によって日本の平和が維持されているという現実を見つめ、平和のために具体的な行動を起こすのか、それとも「平和憲法」に拝跪《はいき》し、空想的観念的平和主義という感傷に浸っているのか。それが選挙の最大の争点だろう。

［初出］「自衛隊を憲法に明記できるか」10・22総選挙の争点はこれだ（『iRONNA』二〇一七年九月二十八日）

# 共産党と手を組んだら立憲主義は成り立たない

## 立憲主義を理念に掲げて誕生した立憲民主党

小池百合子東京都知事率いる希望の党に入党しなかった（できなかった？）政治家たちが集まり、「立憲民主党」を立ち上げた。彼らが重視するのは立憲主義だ。立憲主義とは、権力の暴走を食い止めるために、憲法で権力を縛ることを意味している。権力者であっても従わねばならぬ法があるというのが、立憲主義思想の肝である。

現在の安倍政権が「立憲主義を踏みにじっている」との指摘は、まったく的外れな主張と私は思うが、「立憲主義」そのものは重要だ。権力の暴走を食い止める仕掛けを作っておくことは、リベラル・デモクラシーの基礎だといってもよい。法を超越して統治するアドルフ・ヒトラーのごとき僭主《せんしゅ》の登場は、政治制度として否定しておかねばならない。

## 共産党との連携はありえない暴挙

だが、「立憲主義」を守りたいというのならば、立憲民主党が共産党と連携するのでは筋が通らない。なぜか。

共産党は自衛隊を「違憲の軍隊」と位置づけている。確かに憲法第九条を虚心坦懐《きょしんたんかい》に読み返せば、「戦力」を放棄し、「交戦権」を否定している憲法を戴《いただ》きながら、日本に自衛隊が存在していることは、不思議な現実といってよい。

私自身は、こういう不思議な状態がいつまでも続くことは極めて不健全と考えているから、憲法改正をすべきだと主張している。自国を守る軍隊を持つのは、国家としての最低限の条件なのだから、憲法第九条を改正すべきなのである。

共産党が奇妙というか、デタラメだと思うのは、自衛隊を「違憲」の存在と位置づけながら、直ちに廃止しないと主張している点だ。これでは「憲法違反の存在を認めてよい」と主張していることになる。極めて危険な主張だと言わざるをえない。

自分たちの解釈次第で、憲法上「違憲」とされているものでも認めることができると説いていることになるからだ。要するに、憲法よりも共産党の判断が優先されるということだ。まさしく「立憲主義」を根底から覆す言説だと言ってよい。

立憲主義を守り抜くというのであれば、憲法を形骸化するような共産党のような議論を展開するのではなく、憲法に合致した安全保障政策を立案すべきだ。

自民党は憲法第九条の第三項に自衛隊の存在を明記せよと主張した。真っ当な主張である。これに対し、立憲民主党の枝野幸男《えだのゆきお》代表は「憲法改悪」と批判した。なぜ、日本を守る自衛隊を憲法に位置づけることが憲法改悪なのか、理解に苦しむ。

立憲民主党は、いかにして日本の平和を守ろうというのだろうか。まったくビジョンが見えてこない。

［初出］　日本の選択②　共産党と連携して立憲主義は守れない（『夕刊フジ』二〇一七年十月二日）

# 集団的自衛権は立憲主義に反しない

## 全国連加盟国に認められている権利

野党議員を中心に「解散する大義がない」との非難があったが、極めて不見識な発言だった。今回の衆院選の争点は明確だ。日米同盟をより強固なものにして、現実的に日本の平和を守るのか、それとも、非現実的な「平和主義」に固執して、日米同盟を弱体化させるのか。それが問われている選挙だ。

自民党と公明党は安全保障関連法を整え、日米同盟を基軸としながら日本の平和を維持しようと主張している。希望の党も、この点においては同じである。これに対し、立憲民主党や共産党は、安保関連法を「違憲」だと断じ、廃止しようともくろんでいる。政党によって大きな見解の違いがあり、日本国民は、このどちらかを選択しなければならない。

現在、日本を取り巻く状況は深刻である。核・ミサイル開発を強行する北朝鮮の現実的な脅威にいかに向き合うのか、国民が真剣に考えるべき時期だ。戦後日本が平和を保ってきたのは、憲法第九条が存在したからではない。国土を守るために、日夜汗を流してきた自衛隊が存在してきたからであり、日米同盟が存在してきたからである。平和とは、祈りによって維持されるものではなく、努力によって維持されるものなのである。

古代ローマの格言に「汝《なんじ》平和を欲さば、戦への備えをせよ」との金言がある。自衛隊が存在するのも、日米同盟が存在するのも、戦争を欲するからではなく、平和を欲すればこそなのだ。集団的自衛権の行使が、立憲主義に反するとの批判があった。だが、集団的自衛権の行使は、国連加盟国の権利だ。仮に、集団的自衛権を禁止する憲法があるならば、「憲法そのものがおかしいのではないか」と考えるのが常識だろう。

そもそも、日本国憲法は日本人が作ったものではない。日本を統治したGHQが急ごしらえしたものだ。しかも、日本人の批判を検閲で封じながら、圧倒的な武力を背景に強制したものだ。「アメリカの言いなりになるな!」と唱えるガラパゴス左翼たちが、ほかならぬアメリカが強制した憲法を守れと唱える姿は、醜悪というよりも、滑稽である。

自民党は憲法第九条に第三項を追加し、自衛隊の存在を憲法に明記せよと説いている。一歩前進だ。だが、本来的には第九条の第二項を削除し、「戦力」を保持し、「交戦権」を認めるべきである。『論語《ろんご》』いわく「本立《もとた》ちて道生《みちしょう》ず」。戦後日本の防衛政策を歪《ゆが》めてきた第九条第二項を正してこそ、日本の平和と繁栄がより確実なものになる。

日本に健全な野党があるならば、第九条の第三項追加を批判し、第二項の削除を要求すべきところだ。いつまでも「憲法第九条を守れ」「立憲主義」の大合唱では国は守れない。

［初出］　日本の選択④ 今こそ憲法改正だ!（『夕刊フジ』二〇一七年十月十六日）

# 自衛隊を違憲と認めながら、改正を必要としない野党

## 新たに自衛隊の存在を書き加える憲法改正

安倍晋三総理の総裁「連続三選」が決定し、安倍政権が継続することが確定した。迷うことなく、臆することなく「憲法改正」を断行してほしいと切に願っている。

安倍総理の改憲案は、第九条に第三項を追加し、自衛隊の存在を憲法上に明記するというものだ。第二項を従来通り維持することに対する批判があるのは周知の通りだ。

第二項では「戦力」の不保持を謳っているために、自衛隊は「戦力」に満たない「自衛力」と解釈されている。この詭弁ともいうべき解釈によって、自衛隊が憲法上合憲とされているのは事実だ。

そして、「戦力」ではないがために、自衛隊が通常の軍隊とは異なる存在として位置づけられ、多くの不都合も存在している。本来であれば、この第二項を削除し、日本も「戦力」を保有すべきである。

だが、政治の世界では最善の選択を求めて何も進まないよりも、現状より少しでも状況を改

善すべく、一歩進めてみることが大切なこともある。

「百年河清《ひゃくねんかせい》を俟《ま》つ」ような議論は、政治的議論とは言えない。原理原則は重要だが、原理原則で手足を縛られてしまうのは愚かである。

第九条に自衛隊を明記することは無駄だという議論もある。既に自衛隊が合憲とされているのだから、今さら憲法に自衛隊を明記する必要などないというのだ。「確かに、そうかもしれない」と思わせる、ある種の説得力ある議論だ。

だが、こうした一見もっともらしい議論に欺かれてはならない。

多くの国民は驚くだろうが、現在においても多くの憲法学者が自衛隊を「違憲」の存在だと解釈している。日本を守り、災害時には被災者を迅速に救助する自衛隊が違憲の存在と解釈されているのだ。異常事態といわねばならない。

憲法学者だけではない。日本共産党も自衛隊を違憲の存在と位置づけている。彼らは自衛隊の迷彩服が気に入らぬとの理由で、自衛隊のイベントを中止に追い込んだりしている。根底には、自衛隊が違憲の存在であるとの解釈があることを見逃してはならない。

憲法には、自衛隊に関する記述が皆無である。「戦力」の不保持、「交戦権」の否定が記されている。憲法を文字通り読めば、自衛隊が違憲だと思う人が存在するのもおかしな話ではない。こうした馬鹿げた状況は改善されねばならない。

「祖国を防衛する」という、最も高貴な責務を果たしている自衛隊を違憲の存在などと解釈する余地を認めない。それが安倍改憲の最大の眼目だ。自衛隊は絶対に違憲の存在ではありえないという国民の意思を憲法に刻むことには大きな意味がある。

繰り返す。安倍総理は迷うことなく、臆することなく憲法改正を断行してほしい。

［初出］　日本の選択④　さあ、憲法改正だ！（『夕刊フジ』二〇一八年九月二十六日）

# 憲法に自衛隊の存在を明記しなければいけない理由

## 第九条護憲とリベラリズムは関係がない

自民党の総裁選で改めて安倍総理に注目が集まっているためだろうか。このところ一気に安倍晋三総理に関する書籍が出版されている。面白いのは、マスコミでは批判的に論じられる安倍総理を高く評価する本が多い点である。

少なくとも三冊の本が八月から九月にかけて出版される。

◎阿比留瑠比《あびるるい》『だから安倍晋三政権は強い』（産経《さんけい》新聞出版、二〇一八年八月）
◎八幡和郎『「反安倍」という病』（ワニブックス、二〇一八年九月）
◎小川榮太郎《おがわえいたろう》『徹底検証　安倍政権の功罪』（悟空《ごくう》出版、二〇一八年九月）

興味があったので手始めに阿比留瑠比氏の『だから安倍晋三政権は強い』を読んでみた。産経新聞に連載された原稿が中心となっているが、今読んでみても古くない内容ばかりだ。

安倍総理を支持する内容ばかりではなく、逆に反安倍を説く政党、マスコミ等々の論理の根拠がいかに薄弱であるかについても指摘されており面白い。

驚いたのが、最後の「あとがきにかえて」のところに拙著『「リベラル」という病』（彩図社《さいずしゃ》、二〇一八年）から日本型リベラルについて批判した部分が引用されていたことだ。

冒頭部分はこうだ。

政治記事を書くうえで、ずっと違和感を覚え、どうしてそう表現するのか意味不明なので極力、使わないようにしてきた言葉がある。それは「リベラル」である。本来は「自由を重んじること」や「自由主義的なさま」のことのはずだが、政界では明確に違う意味で使用されているため、実態を伝えにくい。（二七六頁）

阿比留氏も「リベラル」という言葉が随分とおかしな意味で使用されていることに驚いていた一人のようだ。この違和感は大切だろう。

端的にいえば、「リベラル」というよりも、ただの「左翼」ではないか？　との違和感だ。

そして、拙著から「リベラル」に対して「辛辣」とされる部分が引用されていた。

日本でリベラルを自称する人たちには、顕著な特徴がある。それは、現実を見つめようとせず、愚かな観念論に固執することだ。（中略）

日本列島の中で「リベラル」たちは、他の世界のリベラルとは異なる独自の退化を続けた。（中略）特殊な退化を続ける日本の「リベラル」をガラパゴス左翼と呼ぶことにしたい。（二七八頁）

拙著で繰り返し指摘したのは、憲法第九条を守ることはリベラリズムとは何の関係もないということだ。第九条を守っていれば平和が訪れるというのは、政治思想というよりも一種の信仰に近い。なぜなら、それは信者以外には理解不能な非論理的な教え、すなわち教義にほかならないからだ。

## 自衛隊の存在を憲法に明記すべし

さて、今回の総裁選で安倍総理は自衛隊を合憲と位置づけたいとの思いを明らかにしている。「現在、自衛隊が合憲である以上、無意味だ、無根拠だ」とわかったようなことを言う人がいるが、こういう人のわかったような論理に騙されてはいけない。

いまだに憲法学者の多くは、自衛隊の存在そのものが違憲だと主張しているのだ。この部分から目を背けてはいけないのだ。

当然の話だが、国防のため、あるいは被災地で救援のために汗を流す自衛隊は日本国民の誇りだ。

ところが、共産党の政治家の中には、自衛隊の存在を敵視する人々が少なくない。

鴻巣《こうのす》市の共産党の市議らは自衛隊が参加するイベントに注文をつけ、イベントの中止に追いやった。「商業施設で子供たちに迷彩服を試着させるのは違和感がある」との市民の声が根拠という。まことに愚かしい話だ。仮にこの人たちが被災したとき、迷彩服姿の隊員に救助してもらうのは違和感があるといって、救助を拒むのだろうか？

一度譲歩するとさらに要求してくるのが共産党のようで、さらには航空自衛隊機の航空ショーについて、「戦闘と切り離すことはできない」として中止を求めたという。こちらに関しては、良識ある市民がこのような要求を受け入れられないとしているようだが、こうした自衛隊を敵視する人々の根拠の一つに「自衛隊は違憲だ」という見解があることを忘れてはいけない。

いまだに共産党は「自衛隊は違憲の存在」だと解釈し続けている。

反自民のためであれば、こうした共産党とも協力を辞さないというのが立憲民主党だ。自衛隊を敵視する人々と連携する政党に国政を委ねられるはずがない。

自衛隊を憲法に明記するという安倍総理の判断は、我が国の政治状況を改善するための一歩なのだ。

［初出］　安倍総理と「リベラル」――自衛隊を憲法に明記する意義――（『岩田温の備忘録』二〇一八年八月三十一日）

# 第四章
# 「安倍政治」ニュースのおかしな議論

## 戦後七十年の安倍談話に「侵略」の文言を加えろと主張する学者たち

### 自分の歴史観を政府に押しつける学者たち

国際法学、歴史学、国際政治学者七十四名が、戦後七十年の節目に発表される予定の「安倍談話」について、共同声明を発表した。近頃は憲法学者ばかりが注目されていたが、今度は自分たちの出番だ！　ということだろうか。

学者が声明を出すこと自体は悪いことではない、現実に対する呼びかけなのだから、それは結構なことだと思う。しかし、発表するならば、個人ですればいい。「共同声明」と銘打って、これが学者の最低限の共通認識であり、この共通認識を共有できない人間は許さないと言わんばかりの態度には違和感を覚える。徒党を組んで、数にものを言わせて、批判者の口を封じようとする連中が、与党が民主主義のルールに則《のっと》って採決をした際には、「強行採決だ！」「民主主義を冒涜している！」と声を荒らげるのだから、まことに滑稽である。

全文に目を通してみたが、要するに一言で言えば、「村山《むらやま》談話」で示された「侵略」や「植民地支配」への「痛切な反省」「心からのお詫《わ》び」といった文言を入れよ！　ということに尽きている。その他の言葉は、これらの主張を補強するための道具にすぎない。
幾つか気になる点があったので、引用してみよう。

私共は下記の点において考えを同じくするものであり、それを日本国民の皆様と国政を司《つかさど》る方々に伝え、また関係する諸外国の方々にも知って頂くことは、専門家の社会的責任であると考えるに至りました。

典型的な恫喝《どうかつ》だろう。以下に示した見解は「専門家」が「社会的責任」を果たすべく発表しているものなのだから、国民も政治家も、これくらいのことは認識しておく必要があり、我々の「共通認識」を否定する人間は、非知性的な「ならず者」であるというレッテル貼りのための布石だ。

戦後の復興と繁栄をもたらした日本国民の一貫した努力は、台湾、朝鮮の植民地化に加えて、1931—45年の戦争が大きな誤りであり、この戦争によって三百万人以上の日本国民とそれに数倍する中国その他の諸外国民の犠牲を出したことへの痛切な反省に基づき、そうした過ちを二度と犯さないという決意に基づくものでありました。

これは寡聞にして知らない主張だ。戦後復興への努力が「中国その他の諸外国民の犠牲を出したことへの痛切な反省に基づき、そうした過ちを二度と犯さないという決意に基づく」ものだったとは知らなかった。少なくとも、そういう主張をしている方々とお会いしたことがない。私が聞いたのは、過酷な戦争を生き残ったことに対する「疾《やま》しさ」だ。自分と同じ年齢の若い人々が、大切な生命をなくした。本当に自分だけが生き残ってしまっていいのか……そういう方々の「疾しさ」は、もちろん、本人に責任があるわけではないが、多くの人の心の奥に存在した感情だった。

## 過去の戦争を日本側の一方的な侵略と決めつける

その「疾しさ」こそが、戦後復興の原動力であった。巨万の富を築いた方が慰霊の旅を毎年欠かさなかった話や、靖国《やすくに》神社に参拝し続けているという話を学生時代に何度もうかがった。ところで彼らは続ける。

言葉の問題を含めて、「村山談話」や「小泉談話」を「安倍談話」がいかに継承するかは、これまでの総理自身の言動も原因となって、内外で広く論ぜられ、政治争点化しております。このことは、国内もさることながら、中国、韓国、米国などを含む、日本と密接な関係をもつ国々で広く観察される現象です。こうした状況の下では「安倍談話」において「村山談話」や「小泉談話」を構成する重要な言葉が採用されなかった場合、その点にもっぱら国際的な注目が集まり、総理の談話それ自体が否定的な評価を受ける可能性が高いだけでなく、これまで首相や官房長官が談話を通じて強調してきた過去への反省についてまで関係諸国に誤解と不信が生まれるのではないかと危惧いたします。

日本と密接な関係を持つ国々の代表が「中国、韓国、米国」という順番なのだから、彼らがどこを意識しているのかが明らかだろう。それにしても興味深いのが、「『村山談話』や『小泉談話』を構成する重要な言葉が採用されなかった場合、その点にもっぱら国際的な注目が集まり、総理大臣の談話それ自体が否定的な評価を受ける可能性が高いだけでなく、これまで総理大臣や官房長官が談話を通じて強調してきた過去への反省についてまで関係諸国に誤解と不信が生まれるのではないかと危惧」しているという指摘だ。仮に安倍談話で「村山談話」にあったような文言、要するに「侵略」や「お詫び」が存在しなかった場合、大騒ぎするのはこの声明を出している面々なのに、まるで自分たちとはかかわり合いのない第三者が大騒ぎするからやめておいた方がいいよ、といった具合に老婆心を装っているところが嫌らしい。こういうのを世間では、マッチ・ポンプというのだ。

日本が侵略されたわけではなく、日本が中国や東南アジア、真珠湾《しんじゅわん》を攻撃し、三百万余の国民を犠牲とし、その数倍に及ぶ諸国の国民を死に至らしめた戦争がこの上ない過誤であったことは、残念ながら否定しようがありません。そしてまた、日本が台湾や朝鮮を植民地として統治したことは、紛れもない事実です。歴史においてどの国も過ちを犯すものであり、日本もまたこの時期過ちを犯したことは潔く認めるべきであります。そうした潔さこそ、国際社会において日本が道義的に評価され、わたしたち日本国民がむしろ誇りとすべき態度であると考えます。

つくづく疑問に思うのは、なぜ、日本が戦争をしたのかを一切問うことなく、とにかく侵略であったと断定する態度だ。帝国主義時代、植民地支配は強国の当然の権利と考えられており、ヨーロッパでは人種的に優れた「白人の責務」とすら考えられていた。世界中の各国が痛切なお詫びをしているのならば結構だが、日本だけが特殊な侵略主義国家であったと認めるような馬鹿な真似《まね》はしない方が賢明だろう。日本はナチスとは異なる。いわば、一般的な帝国主義国家であった。強者が帝国主義国家となり、弱者が植民地となった時代に、日本は強者となった。それは事実だ。だが、日本が弱者であったならば、それは植民地になるだけではなかったか？ほかにどのような選択があったというのだろう？

現在と将来の日本国民が世界のどこでもそして誰に対しても胸を張って「これが日本の総理大臣の談話である」と引用することができる、そうした談話を発して下さることを願ってやみません。

誰もが共通の歴史認識を持つべきだと考えるその姿勢が嫌いだ。各人の自由でいいではないか。少なくとも、あなたがたがそういう考えを持つことを否定するつもりは毛頭ないから、少なくとも、こちらにも解釈の自由を残しておいてほしい。こうした声明を見て思うのは、総理大臣が歴史認識を談話として発表すること自体への違和感だ。どんな歴史認識を抱いていようが、それはその人個人の認識であって、日本国民の共通の認識ではない。日本国民すべてが、共通の歴史認識を持つべきだという発想そのものが、全体主義的で、自由を侵害する発想だと言わざるをえない。それぞれの自由に委ねるのが賢明な態度だろう。

［初出］安倍談話に「侵略」、「お詫び」の文言を挿入せよと主張する共同声明について（『岩田温の備忘録』二〇一五年七月十八日）

# 「一億総活躍社会」にも難癖をつける野党の愚かさ

## 「一億総活躍社会」を全体主義と非難した蓮舫氏

第三次安倍改造内閣が十月七日に発足した。加藤勝信《かとうかつのぶ》氏が就任した「一億総活躍相」が、にわかに注目されることになった。確かに、聞いたことのない、変わった名前の大臣だから、注目が集まる理由は理解できる。多くがこの名前に批判的だった。だが、この名前にヒステリックなほど過剰に否定的に反応するのは、おかしくないだろうか。

批判の声は様々あるが、代表的な批判を引用しておこう。

「政治の役割は、一人一人の力を発揮させるため壁を取り除くことだ。国が号令を掛けるのは違和感を覚える」（民主党・岡田克也代表、十月十八日）

「戦前を思い出すような全体主義的なキャッチコピーだ」「前回公約に掲げた『女性の活躍』に結果が出ず上書きした。女性をばかにしている」（民主党・蓮舫副代表、十月九日）

「個人を国家に従属させる動きを露骨にしている」（『しんぶん赤旗《あかはた》』二〇一五年十月九日）

確かに「一億総活躍相」が重みがあって素晴らしい名称だとは思わないが、そこまで批判されるべき名称なのだろうか。

一番痛烈な批判は「戦前を思い出すような全体主義的なキャッチコピー」という蓮舫氏の批判だろうが、これはまったく的外れな批判だろう。

共産党が政府の政策を「個人を国家に従属させる動き」などと批判していることは笑止千万というよりほかかない。共産主義体制とは、まさに個人の自由を蹂躙《じゅうりん》し、共産党の「指導」という名の下で、個人を国家、共産党の下に従属させる体制ではないか。自分たちが掲げるその極端な隷従体制を棚に上げ、まるで自分たちが自由を尊重する政党であるかのように振る舞うのは、国民を欺く詭弁というものであろう。

## ネーミングだけにケチをつけて中身に触れない

仮に全体主義というならば、一人ひとりがこのような活躍をしろという、各自の自由が抑圧され、国家の意思が押しつけられる状態が生み出されているはずだが、もちろん、政府がそういう危険な状況を目指しているわけではない。各自の生き方にまで国家が不当に干渉してくるのは、無用なパターナリズムだといってよいが、この「一億総活躍」とは、そこまでパターナリスティックなものではないだろう。
首相官邸のサイトを調べてみると、「一億総活躍社会」については、次のように説明されていた。

我が国の構造的な問題である少子高齢化に真正面から挑み、「希望を生み出す強い経済」、「夢をつむぐ子育て支援」、「安心につながる社会保障」の「新・三本の矢」の実現を目的とする「一億総活躍社会」。

国家が国民一人ひとりの生き方に干渉するなどということは微塵《みじん》も感じさせない表現だ。我が国の少子高齢化は深刻な問題だ。この問題に対策を講ずるのは政府の責務と言ってよいだろう。
一つずつ検討してみても、当たり前のことを当たり前だと言っているようにしか思えない。

「希望を生み出す強い経済」

これは、多くの人が期待していることではないだろうか。日本経済が崩壊してほしいなどと望む人は、よほど変わった人ではないだろうか。

「夢をつむぐ子育て支援」

これも、何がいけないのだろうか。子育て支援の充実に関して、野党は反対だというのだろうか。

「安心につながる社会保障」

誰もが否定できない類いの政策ではないだろうか。社会保障を破壊せよという主張は、あまりに極端だ。要するに、目標とされている「一億総活躍社会」とは、すべての国民が、それぞれの個性に応じて活躍できる環境を整備しようというだけの話であって、全体主義的な政策とはいえない。むしろ、これらは政治の基本であり、これを全体主義的だというならば、政治の役割を放棄していると批判されても仕方あるまい。

実際問題として、野党は、これらの個別の政策にすべて反対なのだろうか。

そうではないだろう。

中身に関してはまったく触れることなく、「名称」に関して「全体主義的だ」というレッテルを貼り、国民を煽っているだけだろう。

安全保障法案を「戦争法案」と呼んだときも同じなのだが、内容について一切言及しないで、思いつきの印象論で、ただ反対の声を上げるだけなのだ。これでは責任ある野党とは言えない。

そもそも、「一億総活躍社会」について、岡田氏は当初、次のように述べていた。

「民主党の綱領には『すべての人に居場所と出番のある社会をつくる』とある。これのぱくりみたいな感じだ。本当にやって下さいねということだ」

（十月七日）

仮に蓮舫氏が言うように、「一億総活躍社会」を目指すことが全体主義的だということなら、岡田代表が「一億総活躍社会」を民主党の「ぱくり」だと言っているのだから、ご自身も全体主義的な主張をしていたということになる。

だが、私は民主党が掲げた「すべての人に居場所と出番のある社会をつくる」という言葉を見ても、全体主義的だとは思わない。政治の基本だと思う。むしろ、こうした真っ当な目標を掲げながら、民主党政権は、ほとんど成果を上げられなかったことを残念に思う。

中身を精査しないで、印象だけでレッテル貼りする無責任な非難の繰り返しでは、国民の支持は得られない。野党は真剣に国民の支持を得るべく政策研究に取り組むべきだ。無責任な非難を繰り返す万年野党の道を歩むべきではなかろう。

［初出］「一億総活躍」で何が悪い？　レッテル貼りで国民を煽る民主党の愚（『iRONNA』二〇一五年十一月十九日）

## なぜ野党再編は「社会党」化へ向かうのか

### 政党名が変わっただけでは本質は変わらない

これほどまでに期待されていない新党も珍しい。民主党と維新の党が合併し、新党（民進党）が結成されるというのだが、多くの国民が無関心であり続けている。

新党に期待できないと感じている国民の理由は、「一体、何のための合併なのか」が見えてこないからであろう。参議院選挙に備えた政治家の都合による数合わせの「野合」にしか見えないし、実際に、どのように好意的に解釈してみても、「野合」以上の意味を見出しにくい合併だ。

「民主党」という名前には、「民主党政権」時代の負のイメージがつきまとっているという。確かに、あの民主党政権を素晴らしい政権であったと手放しで称賛する国民はほとんど存在していないだろう。多くの国民が期待を裏切られたと感じているのは間違いのない事実だ。しかしながら、政党の名前を変えたところで、中身が変わらないことには何も変化がないといわざるをえない。政党名さえ変更すれば、中身は同じでも国民の支持を得られるであろう、と考えているとすれば、それは随分と国民を軽蔑した発想と言わざるをえない。

私はリベラルな政党が存在することの意義を否定しない。基本的に私自身は保守政党を支持するだろうが、政権交代の不可能なシステムでは政治が腐敗する。政権交代が可能なリベラルな政党が存在することによって、保守政党も緊張感を持って政治に取り組むことになるのは当然のことだろう。日本政治を大局的に俯瞰《ふかん》すれば、リベラルな政党が存在していた方が政治全体の活性化につながるであろう。

また、保守政権が見逃しがちな社会的弱者の声を代弁し、労働者の権利を守り、マイノリティの意見を政治の場に持ち込むこともリベラルな政党の果たすべき役割で、その存在意義は大きい。その意味において、私はリベラルな政党を待ち望む一人であるといってよい。

だが、日本においてリベラルを標榜する政党は、現実的に分析すると、どうしても国政を担わせるには危険すぎると思わざるをえない。日本における「リベラル」のアキレス腱《けん》は安全保障政策にほかならない。

彼らは社会的弱者の権利を守ることや労働問題に熱心に取り組むが、議論が安全保障政策に及ぶと、突如として極端な解釈に終始し、「第九条を守れ!」「立憲主義を破壊するな!」とスローガンを繰り返すだけで、現実的な安全保障政策を語らない。

安全保障政策における極論を排し、現実主義的なリベラルに生まれ変わることこそが重要なのだが、民主党はその逆の方向に舵《かじ》を切っているように思われてならない。

## 実は真っ当な改憲論者だった鳩山由紀夫元総理

唐突だが、次の文章をご覧いただきたい。

独立した一つの章として「安全保障」を設け、自衛軍の保持を明記することとした。現行憲法のもっとも欺瞞《ぎまんてき》的な部分をなくし、誰が読んでも同じ理解ができるものにすることが重要なのだ。この章がある以上、日本が国家の自然権としての個別的、集団的自衛権を保有していることについて議論の余地はなくなる。

（『新憲法試案』ＰＨＰ研究所、二〇〇五年、七九頁）

この文章は、自身の憲法改正案（新憲法試案）に付された解説なのだが、一体、誰の文章か。

実は、民主党の創設者、鳩山由紀夫元総理の文章なのだ。

意外なようだが、鳩山元総理は、憲法改正論者であり、当時は極めて現実的な安全保障政策を語っていたのである。

鳩山氏は現行憲法の第九条第二項、すなわち「交戦権」の否定と「戦力」の不保持について、「現行憲法のもっとも欺瞞的な部分」と批判し、憲法において自衛軍の存在を明記すべきだという。

鳩山氏の草案では次のようになっている。

日本国は、自らの独立と安全を確保するため、陸海空その他の組織からなる自衛軍を保持する。

2　自衛軍の組織及び行動に関する事項については、法律で定める。

「交戦権」を否定し、「戦力」の不保持を謳った現行憲法下で自衛隊が存在していることの矛盾を解決するために、「自衛軍」の存在を憲法に明記するという鳩山氏の主張は正論だといってよい。

また、鳩山氏は集団的自衛権についても、次のように解説している。

そもそも集団的自衛権とは国際法上の権利であって義務ではない。同盟国に自動参戦義務を課すような話ではないのだ。前述のように、集団的自衛権といっても、基地の提供、物資の輸送から戦場での共同作戦まで、さまざまなレベルの協力方法がある。アメリカと同盟関係にある国家は、世界に四十カ国以上ある。どのレベルの協力をするかは、それぞれの政府が国益に沿って判断すればいいことだし、どの国の政府もそう考えているはずだ。

これからの日本が国際政治に臨む大きな目標を掲げ、そのための現実な諸政策を一歩一歩着実に進めていくためには、われわれの外交政策論争から憲法神学論争を取り除くことが不可欠だ。ここに掲げた国際協調と自衛権の条項は、そのための一つの試みである。

（同八一頁）

個別的自衛権と集団的自衛権を区別して論じるのではなく、日本の国益にかなう場合であれば、集団的自衛権の行使もすべきである。集団的自衛権の行使は「権利」であって「義務」ではないから、「同盟国に自動参戦義務を課すような話ではない」。それぞれの国家が国益のために、その行使について判断すればよいという見解だ。

私もこうした見解に賛同する。

この時点における鳩山氏の見解は、リベラルを志向しながらも、現実的な安全保障政策を掲げている。このリベラルでありながら、現実主義的な態度こそが、日本のリベラルに求められている姿勢ではなかろうか。

## 鳩山元総理の変節からうかがえる民主党の左傾化

なお、二〇一五年、鳩山氏は安倍晋三総理に、集団的自衛権の行使容認に反対の立場から手紙を送ったが、その手紙には次の一節がある。

私はアメリカに媚《こび》を売るような形で集団的自衛権の行使をすることには反対です。そ

れはアメリカの決めた戦争に唯々諾々と参加せざるを得なくなることが明らかだからです。（中略）

私は日本を「戦争のできる普通の国」にするのではなく、隣人と平和で仲良く暮らすにはどうすれば良いかを真剣に模索する「戦争のできない珍しい国」にするべきと思います。

（『安倍首相に対する歴代首相からの「提言」』）

「騏驎《きりん》も老いぬれば駑馬《どば》に劣る」というが、かつての現実主義は跡形もなく消え失《う》せ、日本を「珍しい国」にすべきだという、政治家の見解とは思えないほどの非常識な主張がなされている。この鳩山氏の変節こそが、民主党の左傾化を象徴していないだろうか。

共産党とは一線を画した、穏健なリベラル政党、そして自民党にはできないとされた改革を実現する改革政党として政権を担うというのが、民主党の原点ではなかったのだろうか。だが、政権運営に失敗し、下野《げや》すると、反対のための反対に終始し、あろうことか、共産党との連携を模索し始めた。集団的自衛権の問題では、「第九条を守れ」「立憲主義を破壊するな」と叫ぶだけで、現実的な対応をしていたようには、到底思われなかった。

民主党と維新の党が合併し、より左傾化、具体的に言えば、安全保障政策の空想化を強めていくのであれば、新党名は「社会党」がふさわしいだろう。自衛隊の存在を違憲といい、日米安保の存在すら否定していた社会党を目指し、ひっそりと消滅していけばよい。

繰り返しになるが、日本に求められているのは、政権交代が可能な現実主義的なリベラルである。政権交代によって、安全保障政策を激変させる必要などない。国内政策で社会的弱者に寄り添う政党が、安全保障政策で空想に浸る政党である必要がないのだ。

現実主義的なリベラルの台頭を待ち望んでいる国民は多いのではないか。

〔初出〕「選挙のためなら何でもする」民維合併、党名は社会党がふさわしい（『iRONNA』二〇一六年三月十四日）

## 「オスプレイ派遣」を素直に喜べない野党政治家

### 米軍のオスプレイ派遣を政治利用と批判する野党政治家

新聞各紙の報道によれば、四月十八日、在日米海兵隊のオスプレイが被災地に派遣された。沖縄県の普天間《ふてんま》飛行場に所属するオスプレイが米軍の岩国《いわくに》基地を経て熊本県益城町《ましきまち》で物資を積み込み、南阿蘇《みなみあそ》村に空輸したのだ。米軍は、水、食料、毛布等を被災者に届けた。十九日には海上自衛隊のひゅうがに着艦し、水、食料、簡易トイレなどを搭載し、再びこれらの物資を被災地に届けた。

日本人の一人として、素直にありがたいことだと思った。

中谷元《なかたにげん》防衛大臣も「効率的で迅速な活動を行うため、自衛隊の輸送力に加え、高い機動力と即応力を併せ持つオスプレイの活用が必要だ」と指摘し、「米側の力を利用できるのはありがたい。困っているときに支援してくれるのが本当の友だ」との感謝の言葉を述べた。

多くの日本人が米軍の救援活動に対してありがたいと思ったはずだ。だが、米軍がオスプレイを被災地に派遣したことを批判している人々も存在している。

二人の言葉を紹介しよう。

「（阿蘇山《あそさん》の）南阿蘇は小規模だが、噴火が続いている。（オスプレイは）ハワイの事故で、砂を吸い込んで落ちている。防衛省の資料を見ると、我が国の航空機がヘリコプターを含めたくさん活躍している。わざわざオスプレイをもってきて、避難している皆さんも非常に不安に思われている。砂を吸い込んで落ちるものが、噴煙に対して大丈夫なのだろうか。米軍の協力はありがたいが、ぜひやめてほしい」

（原口一博《はらぐちかずひろ》・民進党常任幹事会議長、『朝日新聞』二〇一六年四月十九日）

「オスプレイに対する国民の恐怖感をなくすために慣れてもらおうということで、こういう機会を利用しているとすれば、けしからんことだ」

（小池晃《こいけあきら》・日本共産党書記局長、『朝日新聞』二〇一六年四月十九日）

原口氏の発言で疑問に思うのは、「オスプレイをもってきて、避難している皆さんも非常に不安に思われている」という部分だ。被災者の人々が本当にオスプレイに恐怖しているというのならば、当然、直ちにオスプレイの派遣を停止するよう要請すべきだ。救援活動が被災者を恐怖の底に落ち込ませているというような愚かな事態があってはならない。しかし、被災地の人々が不安に思っているのはオスプレイが来ることではなく、地震そのものであり、あるいは物資が不足してしまうことではないだろうか。

また、こうした震災を通じて米軍がオスプレイを派遣したのは政治利用だという小池氏の指摘だが、こういう批判をし始めたら、自衛隊の派遣も政治利用だということになりかねない。確かに被災地に自衛隊が派遣され、数多くの人々を救出すれば、自衛隊に対する感謝の念から、自衛隊そのものの評価は高まるだろう。東日本大震災の被災者の一人から、「自衛隊の皆さんに本当に感謝していて、心の底から尊敬しています」という言葉を耳にしたことがあるが、当然のことだろう。こうした自衛隊の働きを政治利用と呼ぶことはできないだろう。

## 被災者たちの元にしっかり届いた救援物資

二人の発言から強く感じたのは、被災者はどう思ったのか、という視点が欠落した発言だということだ。米軍や政府が地震という機会を利用して、オスプレイへの恐怖感をなくすために画策しているという批判は、オスプレイ批判のためなら被災者の気持ちは考慮しない、すべての言動はオスプレイ批判に行き着くという教条主義者の批判としか思えない。実際にオスプレイは必要な物資を被災者に届けているのだ。本当にオスプレイが被災者を不安がらせているのか、甚だ疑問である。

実際に、被災者がオスプレイの派遣に対して、どのように感じているのかを確認することが重要だろう。

『毎日《まいにち》新聞』（二〇一六年四月十九日）が実際の被災者の声を掲載しているので紹介したい。

「カロリーが少ないためか自宅の後片付けも力が出ない。素直にありがたい」（36歳、男性）

実際に被災者の方が必要としている物資を届けた場合、オスプレイで来たか否かが重要なのではなく、物資が届くか否かが大事ということだろう。必要な物資の輸送を依頼したが、米軍が来てくれなかったというなら、被災者から非難の声が上がるだろうが、とにかく物資が不足している状況では、誰が、どのような道具で運んだかということに関心を払う余裕がないというのが実際のところだろう。

また、オスプレイの派遣に対する批判の声も『毎日新聞』（二〇一六年四月十九日）は掲載しているので紹介しておきたい。

「被災者の方々はおにぎり一つでもありがたいと思う状況。政府は（オスプレイの国内配備のために）どんな状況でも利用するのか」（64歳、女性）

この方は、オスプレイの佐賀空港配備に反対している主婦の方のようだが、批判になっていない。

「被災者の方々はおにぎり一つでもありがたいと思う状況」において、米軍がオスプレイで物資を輸送しているのだから、被災者はやはり「ありがたいと思う」だろう。被災者が「ありがたい」ということを実施して非難されるべきではない。災害時に重要なのは、何よりも被災者の人命救助であり、様々な物資を被災者に届けることだ。

オスプレイの国内配置に反対するのは構わないが、実際にオスプレイが被災者に必要な物資を輸送している事実を、まるで政府と米軍による陰謀であるかのように語るのは誤っている。少なくとも、こうした物資を受け取った人の多く（すべてではないだろう）は、誰が、どのような手段で必要な物資を届けたかに無関心だろう。オスプレイの派遣に反対する人よりも、必要な物資を手に入れ、安堵《あんど》する人々の方が多いはずだ。

一人の日本国民として、被災者に必要物資を届けてくれた米軍に感謝したい。

［初出］　なぜ日本人として「オスプレイ派遣」を有り難いと思えないのか？（『iRONNA』二〇一六年四月二十五日）

## 安倍政権の独走を許す野党の迷走

### 「集団的自衛権容認は徴兵制にまでいかざるをえない」と発言

安倍内閣の独走状態が続いている。当分、「一強多弱」という状態が続くだろう。だが、まことに興味深いのは、国民の多くが安倍内閣を積極的に支持しているわけではない点だ。すなわち、何かを成し遂げてくれるという期待感から安倍内閣を支持するのではなく、他の野党では政権を担えないだろうという絶望感から、国民は消極的に安倍内閣を支持しているのである。

私の友人に労働組合に所属している会社員がいる。過去、選挙で自民党の候補者にほとんど投票したことがない。だが、現在の段階で解散総選挙になれば、自民党に投票しようと思っているという。理由を尋ねると「野党では頼りないから」との一言であった。何か積極的に支持する魅力があるわけではないが、他の選択肢があまりにもひどいので、支持せざるをえない。それが安倍内閣を支持する人々の本音なのかもしれない。皮肉な話だが、野党の迷走こそが、安倍内閣の基盤となっているということだ。

確かに野党の迷走は目に余るものがある。「我々の立場は背水の陣ではない。もう水中に沈んでいる」と野田佳彦氏が述べている通り、野党はもはや瀕死《ひんし》の状態にあると言っても過言ではあるまい。今はなき民主党、民進党が決定的な誤りは、安倍内閣が進めようとした平和安全法制に無理やりな理由で反対したことだった。自衛隊を違憲だと考えるような過激な法学者や共産党と連携して、平和・安全法制が「立憲主義」を破壊する暴挙だと非難したことが間違っていたのである。

「合憲」か「違憲」かという「白」か「黒」かと突きつけるような議論をしてしまったら、議論によって妥協点を模索することは不可能になる。政権を担うことが不可能な共産党の国会議員が何を騒ごうとも、不可解な騒音だと聞き流しておけばよい話だが、政権与党を目指す野党第一党が、こうした原理主義的な反対運動を展開したのが間違いだった。

例えば枝野幸男氏は、集団的自衛権に関して、今読み返してみれば恥ずかしくなるような発言をしていた。

「世界の警察をやるような軍隊をつくるには、志願制では困難というのが世界の常識だ。従って集団的自衛権を積極行使するようになれば、必然的に徴兵制にいかざるを得ないと思う」

（『朝日新聞』二〇一四年五月十八日）

平和安全法制は施行されたが、当然のことながら、日本で徴兵制など導入されていないし、徴兵制を導入すべきだという声すら聞かない。あまりに極端な発言で、国民の恐怖心を煽り立てるような発言だったと言わざるをえないだろう。

混迷を極める野党は、帆を失った難破船のように、一体どこに向かおうとしているのか、まったく見えてこない。野党の混乱を象徴しているのが、共産党をも含む野党共闘に対する姿勢だろう。

一体、どのような形で連携しようとしているのか、さっぱり理解できないのだ。

## 選挙のときだけ共産党と手を組んだ民進党

共産党の立場は明確だ。二〇一七年一月十八日に開催された第二十七回大会決議では、次のように明確な目標を掲げている。「私たちは、今、野党と市民の共闘によって、日本の政治を変えるという、かつて体験したことのない未踏の領域に足を踏み入れつつある。九十五年の戦いを経てつかんだ成果、切り開いた到達点に立って、開始された新しい統一戦線を発展させ、安倍政権を倒し、野党連合政権に挑戦しよう」

二〇一六年の参議院選挙で開始された「野党共闘」を「新しい統一戦線」と呼び、安倍内閣を打倒し、野党連合政権を樹立しようというのだ。実にわかりやすい、明確な目標だといってよい。

一方で、民進党の立場は、まるで意味不明であった。

共産党が結党後、初めて他党の幹部を招待し、民進党の安住淳《あずみじゅん》代表代行が出席した。さらに、小池晃書記局長が「団結して頑張ろう」と叫ぶと、志位和夫《しいかずお》委員長と民進党の安住淳代表代行、自由党の小沢一郎代表、社民党の吉田《よしだ》忠智《ただとも》党首が手をつないで応えたという。

こうした話を聞けば、誰もが民進党は共産党と一丸となって野党連合政権に挑戦しているように思うであろう。だが、民進党の蓮舫代表は一月十五日の記者団からの取材で次のように発言していた。

「安倍政権を倒すことに、まずいちばんに力を注ぐ。そのために野党四党で、国会の内外でできるかぎりの協力をこれまで以上に進めていく時だ。ただ、そこから先の話は、残念ながら共産党と私たちとは考え方が違う」

共産党とは安倍政権を倒すために共闘するが、考え方が違うので「野党連合政権」構想には反対するという。野党共闘で統一候補を擁立しながら、考え方が違うとはどういうことなのだろうか。安倍政権打倒後、何をなすべきか、考え方、方向性がバラバラに分裂した状態にある諸政党が、憎悪の念のみだけで結集し、倒閣すればよいということなのだ。倒閣後はまるで見えない。どうなるかわからないが、この内閣は気に入らないから打倒してしまえというのだから、あまりに無責任な態度と言わざるをえないだろう。

## 共産党を含めた野党の政権奪取はあまりに非現実的

そもそも、共産党と野党共闘を模索すること自体が根本的な過ちであることを野党の議員たちは悟るべきであろう。政策、世界観が根底から異なる人々との共闘など、ありえないはずなのだ。

安全保障政策に関して、共産党は党の綱領で次のように述べている。

日米安保条約を、条約第十条の手続き（アメリカ政府への通告）によって廃棄し、アメリカ軍とその軍事基地を撤退させる。対等平等の立場にもとづく日米友好条約を結ぶ。

（中略）

自衛隊については、海外派兵立法をやめ、軍縮の措置をとる。安保条約廃棄後のアジア情勢の新しい展開を踏まえつつ、国民の合意での憲法第九条の完全実施（自衛隊の解消）に向かっての前進をはかる。

日米安保条約を廃棄し、自衛隊の解消を目指す政党、それが共産党なのだ。そうした共産党とともに安倍政権を打倒しようというが、そもそも無理な話なのだ。

確かに、共産党は自分たちの過激な思想、政策を全面的には押し出さないと表明している。第二十七回大会決議でも、共産党は次のように指摘している。「共闘の一致点を何よりも大切に考え、野党と市民の共闘に、日米安保条約や自衛隊についての独自の立場を持ち込まないという態度を、最初からとっている」

しかし、共闘のための共闘が仮に成功した場合、どうなるのだろうか。要するに、彼らの望み通り、自公連立政権が打倒された後には、どのような政権ができあがるのだろうか。

民進党は共産党との野党連立政権はありえないと言うが、共産党はこれを目指すという。

一体どのような政権ができるのか不安でならないというのが、良識ある国民の立場であろう。自ら打倒した自民党と連立政権を目指すことはありえないであろうから、野党の連立による政権が誕生すると考えた方が合理的だ。日米安保条約を廃棄し、自衛隊の解消を目指す共産党が与党になる可能性を排除できないと思うのが自然である。

また、さらに重要なのは、共産党と他の野党とでは根本的に世界観が異なっているということだ。共産党という政党は極めて特異な世界観を有する政党であるという事実を我々は忘れてはならない。この極めて特異な世界観を有する人々と共闘しようとすることには無理がある。

共産党の志位氏は「共産党」の名称を変更しないのか、という問いに対して、次のように答えている。

「名前についていいますと、私たちは共産党ですから、人類の社会は資本主義で終わりだとは思っていません」

(日本外国特派員協会、二〇一四年十二月八日)

資本主義社会が終焉《しゅうえん》を迎え、共産主義社会が実現するというイデオロギーに執着する人々の集う政党が共産党なのである。世界観が根本的に異なる政党との連立など不可能だと考えるのが常識というものだ。

この点、野党の最大の支持母体ともいうべき連合の神津里季生《こうづりきお》会長は、極めて常識的な指摘をしたことがある。

「そもそも両党は目指す国家像が全く違う。いわば全然違う『道』を走る存在です。今は近くに寄っているように見せているかもしれないが、『じゃあ同じ道路を一緒に走ろう』とはなりません」

「他の野党と一緒に政権を目指すなら、共産党は党名と綱領を変えなければおかしい。でも彼らは絶対変えません」

「自分たちは『前衛』であり労働者階級を指導する立場というのが、共産党の基本的な考え方ですからね」

（『産経新聞』二〇一六年十二月二十四日）

神津会長の発言は、良識的なリベラルの立場からなされたもので、極めて正鵠を射た指摘である。

世界観が根底から異なる共産党と連携することは不可能だ。仮に、共産党との連携が可能になる場合を考えてみれば、共産党が「共産主義」社会を目指すという「共産党」という名称を変更し、綱領そのものを根底から変更しなければならない。そうした変更をしようとしない以上、共産党は、「共産主義」社会の実現を目指す、極めて特殊なイデオロギーを信奉する集団と呼ばざるをえない。

野党がなすべきなのは、共に政権を担うことができないほど思想的距離のある共産党との選挙協力ではない。自分たちが、共産党とも、自民党とも異なる、良識的で現実的なリベラル勢力であることを証明してみせるべきなのだ。

より急進的に左傾化した野党勢力は、共産党との選挙協力によって、若干の議席数を伸ばすことが可能になるだろう。だが、それは野党勢力が政権を担う政党ではありえないことを示すことにほかならないのだ。野党勢力が左に左にぶれ続ける迷走が続く限り、「一強多弱」の政治状況は変わらないだろう。

［初出］消極的支持で最強になった安倍独裁政権のおかしな「原動力」（『iRONNA』二〇一七年二月十六日）

# 宗教化している日本特有のガラパゴス左翼

## 本来は矛盾しない「リベラル」と「保守」

政治思想の観点から前回の衆院選を分析すると、実に興味深い点があった。自民党、希望の党、立憲民主党のそれぞれが「保守」を掲げていた点である。

自民党が保守政党であることは周知の通りだ。希望の党は、自らの政党の理念を「社会の分断を包摂する、寛容な改革保守政党を目指す」としていた。安全保障政策において非現実的な主張を繰り返した民進党左派を「排除」し、保守政党の覚悟を示してもいる。

問題は立憲民主党である。

驚く方も多かろうが、立憲民主党の枝野幸男代表は自らを「保守」と位置づけている。枝野氏は自分自身が「保守」「リベラル保守」であるとの主張をかねて繰り返しているのだ。

私自身も、リベラルな保守主義者を自任しているので、「リベラル」と「保守」が必ずしも対立する概念ではないという枝野氏の論理を歓迎している。「多数者の専制」に陥りがちな民主主義社会の中で、少数者、弱者の声に耳を傾ける、社会の中の多様性を擁護するリベラルな姿勢は、政治家にとって重要だ。

こうしたリベラルな姿勢と、我が国の伝統や文化に対して敬意を抱くという保守的な姿勢とは、必然的に対立するものではない。枝野氏が抽象的に「リベラルな保守」について語るとき、私はそれほど違和感を覚えない。

だが、日本では「リベラル」とは、特別な意味で語られることが多い。これが厄介だ。「憲法第九条を守っていれば平和が維持できる」「集団的自衛権の行使容認で徴兵制がやってくる」といった、非現実主義的な「平和主義」を信奉する人々を「リベラル」と呼ぶことが多い。

こういう人々は本来「保守」でも「リベラル」でもない。愚かなだけである。日本列島に生き残る「ガラパゴス左翼」と呼ぶべき勢力なのだ。彼らの特徴は極端に非現実的な主張であり、妄信的に憲法第九条に拝跪する様は、一種の宗教儀式を連想させるものだ。

残念ながら、集団的自衛権の行使容認に関する枝野氏の主張は、本来の「リベラル」とはまったく無関係な「ガラパゴス左翼」の論理そのものだった。

政党が「保守」「保守」と唱えるのは結構だが、今の日本に本当に必要なのは、「ガラパゴス左翼」と決別した真っ当な意味でのリベラルだ。安全保障政策において現実主義の立場に立ち、共産党とは一線を画したうえで、国内政策においては弱者の立場に立つ。

「リベラル」との言葉が、ほとんど「愚かしさ」と同義語になってしまっているのは、日本国民にとって極めて不幸なことだと思わざるをえない。

[初出] 日本の選択③ さらばガラパゴス左翼(『夕刊フジ』二〇一七年十月十三日)

## 旧民主党にはなかった義理・人情を大事にするのが自民党政治の強さの秘訣

### 政策よりも誠実さを重視

今回の自民党総裁選（二十日投開票）で、不思議な動き方をする派閥があった。竹下派（平成研究会）、より特定すれば参院竹下派である。安倍晋三総理（総裁）の優勢が報じられる中、あえて石破茂元幹事長の支持に舵を切った。

この中心にいたのが吉田博美《よしだひろみ》参院幹事長だ。平成研究会の前代表であった額賀福志郎《ぬかがふくしろう》元財務相に代表退任を迫り、竹下派を誕生させた参院の実力者である。

吉田氏は長野県選出の参院議員だが、出身は山口県だ。安倍総理とも近く、総理が苦境に陥った際には、参院幹事長として支えてきた人物である。だが、参院竹下派は石破氏の支持に動いた。

背景には、吉田氏が「政治の師」と尊敬する青木幹雄《あおきみきお》元参院議員会長の存在があった。吉田氏は安倍総理支持を訴えたが、青木氏が首を縦に振ることはなかった。苦悩の結果、吉田氏は石破氏の支持に踏み切ったとされる。その際、吉田氏はこう呟《つぶや》いたと報じられた。

「親分を裏切ったら、一生人を裏切る人間とみられる。心情的には安倍総理を支持したいが、私にはできない」

政策ではなく、義理・人情を重視する姿勢を「古い」と片づけることは簡単なことだ。だが、私はここに自民党の底力があると考えている。

「他人を簡単に裏切る人は信用できない。ましてや、親分を裏切る人間は信用してはならない」という価値観は、誠実を美徳と捉える日本の価値観だ。政策は変更することが可能だが、人間性は変わらない。

## バックで支える人情に厚い政治家が自民党の強さ

吉田氏は苦労人としても知られる。

山口県で会社を経営していた父が友人の連帯保証人となり、会社は倒産。高利貸しが毎日のように自宅に取り立てに来た。吉田氏を長野県の母方の祖父母の元へ預け、両親は出稼ぎで働いたという。

こうした中、祖母から「人生、良いときも悪いときもある。将来は社会の役に立てるような人になれ」といわれ、政治家を志した。金丸信《かねまるしん》元副総理ら国会議員の秘書として仕え、長野県議に当選した。県議会議長まで務めた後、参院議員に当選した。

政治信条は「人の業は称えます 己の功は語りません」「汗はかきます 手柄は人に 責任はとります」「表で活躍する人より 陰で支える人になります」。苦労人らしい、実直な姿勢をうかがわせる政治信条だ。

思い返してみると、国民を失望させた民主党政権には、こうした昔かたぎの政治家が少なかった。「俺が、俺が……」と言うばかりで、人間としての誠実さに欠けた政治家が多かったように思われてならない。

自民党が強いのは、日本人が大切にしてきた義理・人情を何よりも大切にし、黒子《くろこ》に徹する政治家が存在しているからではないか。

［初出］ 日本の選択② 総裁選で見えた自民党の底力 義理・人情を大切にする黒子の存在（『夕刊フジ』二〇一八年九月二十日）

## 翁長雄志前沖縄県知事の県民葬で非常識ぶりを露呈した「リベラル」たち

### 戦時であっても礼節を忘れなかった鈴木貫太郎総理

一九四五年四月十二日、フランクリン・ルーズヴェルト米大統領が急逝した。死因は脳出血といわれている。不況に喘《あえ》ぐアメリカにおいてニューディール政策と呼ばれる社会主義的政策を打ち出したことでも知られるが、アメリカ憲政史上唯一、四選した大統領でもある。そして、日本にとっては大東亜《だいとうあ》戦争における敵国の最高指導者にほかならなかった。

戦時、アメリカを指導する大統領の死に対し、アドルフ・ヒトラーは「運命は歴史上最大の戦争犯罪人ルーズヴェルトをこの地上より遠ざけた」との声明を発した。死者を悼むのではなく、死した後も敵国の指導者をあくまで許すべからざる「敵」として扱ったわけだ。こうしたナチス・ドイツとはまったく異なる対応をしたのが日本の鈴木貫太郎《すずきかんたろう》総理だった。四月十五日付の『ニューヨーク・タイムズ』は、『日本の首相「弔意」を表す』と題した記事で、鈴木総理の弔意を報じている。興味深い部分を抜粋してみよう。

アメリカ側が今日、優勢であるについては、ルーズヴェルト大統領の指導力が非常に有効であって、それが原因であったことは認めなければならない。（中略）ルーズヴェルト大統領の逝去がアメリカ国民にとって非常なる損失であることがよく理解できる。ここに私の深甚なる弔意を米国民に表明する次第です。

（平川祐弘《ひらかわすけひろ》『平和の海と戦いの海』新潮社、一九八三年、六八頁）

鈴木総理は指導者としてのルーズヴェルトを称え、深甚なる弔意を表明しているのだ。しかし、ルーズヴェルトの死によってアメリカの対日姿勢が変化するとは思えないとも指摘して、日本の決意を併せて次のように表明している。

日本側としても米英のパワー・ポリティックスと世界支配に反対するすべての国家の共存共栄のために戦争を続行する決意をゆるめることは決してないだろう。（同六九頁）

一九四五年の四月と言えば、既に米軍が沖縄本島へ上陸を始め、日本全土がB29による爆撃を受けていた時期にあたる。ちょうど一カ月前の三月十日には、東京大空襲があった。広島、長崎の原爆投下と並ぶ、アメリカによる無辜の民間人の虐殺行為だった。軍人を標的とするのではなく、東京に住む非戦闘員、婦女子をも殺戮した世紀の大虐殺にほかならなかった。

劫火《ごうか》の中、住民は逃げ惑い、多くの人々が無念の死を遂げた。ある者は焼けただれ、救いを求めて彷徨《さまよ》いながら斃《たお》れ、ある者は燃え盛る炎の中で窒息死した。死者は十万人を超え、その夜、東京の街は阿鼻《あび》叫喚《きょうかん》の地獄絵図のような状況にあった。翌日には死者の遺体がまるで木炭のように黒い塊となって残された。

戦時スローガン「鬼畜米英」との言葉が国民に広く共有されていた時期だったと言ってよい。多くの日本国民が住むべき家屋を失い、愛する家族を殺されていた瞬間である。ヒトラーでなくとも憎むべき敵国の最高指導者を罵りたくもなろう。だが、日本を率いる鈴木総理は礼節を失うことがなかった。

鈴木総理の態度が立派なのは、敵国の指導者が有能であることを認め、敵国の国民がその死を悼むことには深い弔意を表しながらも、決して卑屈になることなく、毅然とした態度を貫いたことだ。一切、自らの主張や立場を変えることはないが、悼む姿勢だけは忘れないという点に武人の高潔さを見ることができよう。たとえ我が国の民が無情に焼き殺され、国民が憤激していようとも、敵国の指導者の死を喜び、嘲るような真似は許さないというのが鈴木総理の矜持にほかならなかった。

## ナチス・ドイツと日本を同一視しなかったトーマス・マン

同年四月十九日、作家のトーマス・マンがアメリカからドイツ国民に向けてメッセージを発した。トーマス・マンは『魔の山』『ヴェニスに死す』等の傑作で知られるノーベル文学賞受賞者だが、ナチス・ドイツの迫害を恐れてアメリカに亡命していたのである。

彼はルーズヴェルトの死に際するナチス・ドイツと日本の態度を比較した。ドイツのヒトラーが「愚鈍なる嘲罵の辞」を新聞に書き立てさせたことに対して、日本の鈴木総理は「深甚なる弔意」を表したことを紹介し、次のように喝破したのである。


だがナチスの国家主義がわがみじめなるドイツ国においてもたらしたのと同じような道徳的破壊と道徳的麻痺が、軍国主義の日本で生じたわけではなかった。あの東洋の国日本にはいまなお騎士道精神と人間の品位に対する感覚が存する。（前掲書、一二九頁）

日独伊の三国同盟を締結したことから、戦後世界において、戦前の日本はナチス・ドイツと同一視されることが多い。確かに三国同盟を結んだという表面的な形式を眺めれば、そのように評されるのがまったくの無根拠ということはできないのかもしれない。だが、戦前の日独両国では、その精神的高貴さにおいて、まったく異なる二つの国であったことをこの逸話が証明していると言っても過言ではあるまい。

敵国の指導者の死を歓喜し、嘲笑したヒトラーと、静かに怒りを抑えながら深い弔意を表した鈴木貫太郎とでは、その精神の高潔さにおいて雲泥の差があったと言わざるをえない。

## 「礼儀を守っていては社会的変革は起きない」と主張する茂木健一郎氏

二〇一八年十月九日、沖縄の那覇《なは》市では翁長雄志《おながたけし》前沖縄県知事の県民葬が行われていた。翁長前知事は、かつては自民党の政治家として那覇市議、沖縄県議を歴任した沖縄県保守派の実力者であった。だが、二〇一四年の沖縄県知事選に際し、自民党を離党して野党系知事として立候補し、当選した後、辺野古《へのこ》への基地移設問題等で日本政府と激しく対立した。当然、毀誉《きよ》褒貶《ほうへん》の激しい政治家の一人であった。

翁長前知事の県民葬では、安倍晋三総理の追悼の辞を菅義偉《すがよしひで》官房長官が代読した。追悼の辞では次のような言葉があった。

「文字通り、命懸けで沖縄の発展のために尽くされた。翁長前知事は、沖縄に基地が集中する状況を打開しなければならないという強い思いをお持ちだった。（中略）政府としてもできることはすべて行う。（中略）これからも県民の皆さんの気持ちに寄り添いながら、沖縄の振興、発展のために全力を尽くす。沖縄の発展にご尽力された翁長前知事の功績をしのびつつ、あらためてご冥福をお祈りする」

安倍政権と翁長前知事が基地移設問題をめぐって対立関係にあったことは確かだが、安倍総理はあくまでも翁長前知事の真摯な思いを称え、弔意を表した。一国を代表する総理大臣として当然の姿勢であったといってよい。

驚いたのは、菅官房長官が「追悼の辞」を代読している際に、罵声が浴びせられたことだ。


「嘘つけ！」

「心にもないことを言うな」

「帰れ」


菅官房長官を罵倒する声は、一分以上続いたという。死者を悼むべき場において、このような罵声が浴びせられるのは、異常な光景というべきであろう。

確かに、沖縄県民の一部の人々が安倍総理や菅官房長官を非難したくなる気持ちは理解できなくもない。だが、死者を悼むべき場での非難は非常識というものだ。仮定の話だが、安倍総理、菅官房長官が本当に沖縄県民に「嘘をついている」ことがあったとしても、死者を悼むべき場で、そうした話題を持ち出すべきではないというのが、日本国民の矜持というものではないだろうか。日頃の主張はどうあれ、政治的喧騒《けんそう》とは離れて死者を弔うことが優先されるべき場であったはずだ。

さらに驚愕したのは、「リベラル」と呼ばれる人々が、葬儀の場において罵声を浴びせる行為について恥じることなく擁護していたことだ。

例えば、脳科学者の茂木健一郎《もぎけんいちろう》氏は「菅官房長官にお声がかかった件について考える」との題でブログ記事を書いている。これは自身がツイッターで発信した呟きをまとめたものだというが、そもそも「お声がけ」という表現が奇妙極まりないものに思える。私には「嘘つけ！」等々の言葉が「お声がけ」であったとは思わない。ただの罵声である。

仮に茂木氏がひっそりとバーで飲んでいたとしてみよう。このとき異なる政治的主張を持つ人物が偶然出くわした茂木氏に向かって、「嘘つき！」と叫んだり、「帰れ」と叫んだりしたら、茂木氏は怒らないだろうか。仮に政治的主張が異なろうとも、その場にはその場で守らなければならない礼節というものがあると考えるのが常識ではないだろうか。

茂木氏は菅長官に「お声がけ」（私に言わせれば罵声）があった理由を安倍政権が沖縄の方々の心に寄り添う気がないにもかかわらず、「これからも県民の皆さんの気持ちに寄り添いながら、沖縄の振興、発展のために全力を尽くす」と述べた点に求めている。この言葉が沖縄県民を怒らせたために、「お声がけ」につながったというのだ。そしてさらに次のような主張を展開している。

今回菅官房長官へのお声がけについて、礼儀に反する、不謹慎だといった反応があるが、これほど物事の本質を外した論はない。社会的変化は、礼儀だとかそういうことをとっぱらった感情のやりとりによってしか生まれない。アメリカ公民権運動の歴史を見よ。日本における「礼儀」は単なる思考停止である。（ツイッター、二〇一八年十月十日）

奇妙な主張だというよりほかない。茂木氏の主張に従えば、誰かが政治的な目的のために、どれほど「礼儀に反する」「不謹慎」な発言をしようとも、そうした発言をした人物を批判するのは間違っているというのだ。

「社会変化」は、非常識な言葉をつかうべきではないという「礼儀」を守ることによっては達成できない。礼儀作法を一切弁《わきま》えない無礼でならず者のような「感情のやりとり」のみが「社会変化」を達成できるというのだ。そして、そうした論理が理解できない人間たちが、今回のように「礼儀に反する」「不謹慎だ」と反応するのは、「物事の本質を外した論」に立っているというのである。

あまりに極端で非常識な暴論だ。

政治的主張が異なる人々の間でも守るべき最低限のルールがあるというところから民主主義は始まると言っても過言ではない。極端に言えば、見解が違う相手同士で殺し合うのが、最も単純で野蛮な「感情のやりとり」だ。なぜなら、自らが正しい主張をしているのに対して、相手は間違った主張をしていて、その存在が憎らしいからだ。掲げる正義のぶつかり合いこそが政治の本質の一つだろう。だが、政治的主張が異なる相手を見つけるたびに殺し合いが起こっていたのでは、平穏な日常生活をおくることは不可能だ。

誰もが政治的な意見を持つことが許される民主主義社会において、異なる他者への最低限の弁えはお互いに持つことが前提となっている。全体主義国家であれば、独裁者や独裁政党の見解と異なる意見を持つこと自体が許されない。反体制的な主張は「危険思想」とみなされ、反逆罪に問われかねない。「正義」はただ一つしか存在しないからだ。

## 弔辞での罵声を擁護する「リベラル」派

だが、日本はまがうことなき民主主義社会である。沖縄における意見も多様であり、基地問題の移設についての見解も様々だ。ただ一つの正義が存在しているわけではない。様々な立場の人が様々な立場から死者を悼む日であり、死者を悼む場であるからこそ、最低限の礼儀が必要であり、不謹慎な言動は慎むべきなのだ。

無礼な感情の応酬こそが「社会変化」をもたらすという論理を肯定する「リベラル」な知識人が存在するためだろうか、安倍政権を憎むあまり「安倍死ね」などという言葉をツイッター上で目にする機会が多い。だが、ここから「社会変化」が起きるとは到底思えない。

なぜなら、ここにあるのは一方的な憎悪の念であり、多くの国民からは「リベラル」の断末魔ようにしか感じないからである。

茂木氏ほど過激な論理を展開しているわけではないが、「リベラル」と呼ばれる人々が葬儀の場における無礼で非常識な罵声を擁護しているのは、興味深い現象である。

幾つか代表的な例をここに記しておくことにしたい。

他人に礼儀を求める場合、自分も他者に対する敬意をもって接しなければならない。

菅氏の場合、それがあったのか？（政治学者・山口二郎《やまぐちじろう》氏のツイッター、二〇一八年十月九日）

翁長前知事の県民葬で菅長官の弔辞で「嘘つき」「帰れ」の怒号が飛び交った。報道しないテレビ局も多いが、政府が進める辺野古移設、先島《さきしま》諸島の要塞化など、過重な沖縄県の負担に、怒りを持つ県民たちの強い意志の表れだ。

（東京新聞記者・望月衣塑子《もちづきいそこ》氏のツイッター、二〇一八年十月十日）

菅官房長官が安倍首相の弔辞を代読されたが怒声が飛び交ったと聞く。言葉と行動が余りにもかけ離れていたので、いたたまれぬ思いが爆発したのだろう。かつて戦場となった沖縄に新基地が作られる痛みを本土の人は知るべきだ。

（鳩山由紀夫元総理のツイッター、二〇一八年十月十日）

暴言の類いをたしなめるのではなく、擁護する「リベラル」の一連の発言を見ていると、あまりに悲しい思いがする。敵国の指導者であるルーズヴェルト大統領の死去に際して、高潔にして剛毅《ごうき》な弔辞を送った鈴木総理の気概と気品がまるで感じられないからだ。彼らの議論を見ていると、トーマス・マンが「愚鈍なる嘲罵の辞」と批判したヒトラーの暴言を思い出さずにはいられない。

戦争に敗れ、日本、そして日本国民の品性はここまで下劣になったのかと嘆いていると、一服の清涼剤ともいうべき呟きを発見した。翁長氏と最終的に政治的立場を異にしたはずの稲田《いなだ》朋美《ともみ》氏がツイッターで次のように弔意を表していた。

沖縄県翁長知事が急逝されました。防衛大臣として訪問したとき、法政《ほうせい》大学時代、東京に行くのにパスポートが必要で悔しい思いをしたこと、また戦後レジームからの脱却をいうのなら、なぜ自主防衛して米軍基地をなくさないのかと言われ、翁長知事の保守の一面にふれました。心よりご冥福をお祈りします。

（稲田朋美氏のツイッター、二〇一八年八月九日）

最後は政治的に敵対関係にあったものの、自らの信じる「保守」的な価値観を共有できる立派な政治家であったと心を込めて弔意を表していたのだ。鈴木貫太郎から受け継がれる武士道精神をここに見た思いがした。

死者を罵倒する人、その罵倒こそが正当であると強弁する人、そして、立場の違いは認識しながらも心を込めて死者に弔意を表す人。こうしたときに人間の品性が表れるとしみじみ思わずにはいられない。

［初出］「リベラル」の異常性　翁長知事の追悼式から考える（メールマガジン『岩田温の「政治哲学講義」』二〇一九年三月十一日）

第五章

# 「安全保障」ニュースのおかしな議論

# 安倍内閣の集団的自衛権容認は、後世に評価される見事な決断

## 集団的自衛権の限定的行使容認は歴史的快挙

私は集団的自衛権の行使を限定的に容認したことで、安倍晋三総理は一つの仕事をしたと思う。批判はあっていい。でも、一つの仕事を成し遂げた。政治家として立派だ。私はかつて保守の中で最も激しい安倍批判を展開した人間だが（拙著『政治とはなにか』総和社《そうわしゃ》、二〇一二年）、見直した。政治家は極めて困難な仕事だ。理想を持たない政治家は駄目だが、理想に溺れる政治家であってもならない。高邁《こうまい》な理想を実現するために、卑近な現実を変更するための努力を重ねなければならない。理想と現実との間のバランス感覚が求められる。

政治とは「堅い板に、錐《きり》で、少しずつ穴を開けていくような情熱と見識を必要とする力強い緩慢な仕事である」と指摘したのはドイツの社会学者、マックス・ウェーバーだが、今回の安全保障法案の整備は、必ず我が国の国益にかなうものとなるだろう。

現在、不安に思っている国民もいるかもしれない。悪質な扇動に惑わされて恐怖している人も存在するかもしれない。しかし、後世振り返ってみたときに、必ず「どうして、あのとき、

あそこまで騒いだのだろう？」と思うことになる。これは、安保闘争のときも、ＰＫＯ法案のときもそうだった。中曽根康弘《なかそねやすひろ》元総理は、政治家は「歴史における被告席に座る」と指摘していたが、その通りだ。後世振り返って見たときに、評価される決断を下した政治家こそが評価されるべきなのだ。瞬間的な民意によって、後先を考えずに行う大衆迎合的な政治は、そのときには歓迎されるだろうが、歴史によって否定される。

## 第九条第二項の「戦力」「交戦権」否定は異常

安全保障の問題に関して、私の立場は明確だ。本来であれば、日本国憲法を改正する必要がある。この憲法には、日本をいかに守るかについて、まったく書かれていない。書かれているのは「平和を愛する諸国民の公正と信義に信頼して、われらの安全と生存を保持しようと決意した」というナンセンスな国際認識だけだ。

憲法第九条は次のように定めている。

第九条　日本国民は、正義と秩序を基調とする国際平和を誠実に希求し、国権の発動たる戦争と、武力による威嚇又は武力の行使は、国際紛争を解決する手段としては、永久にこれを放棄する。

２　前項の目的を達するため、陸海空軍その他の戦力は、これを保持しない。国の交戦権は、これを認めない。

第一項は、侵略戦争の放棄だから、これを否定する必要はない。だが、第二項の「戦力」を否定し、「交戦権」を否定する部分は異常だ。

「戦力」を放棄し、「交戦権」を否定するのならば、本来、非武装中立論しか成り立たないだろう。実際に、社会党は非武装中立を主張し、自衛隊の解体を主張していた。これは、国際政治の中では、あまりに非現実的な主張だが、憲法解釈としては筋が通っている。今回の集団的自衛権の行使が憲法違反に当たると説く憲法学者の多くは、本心では自衛隊の存在も「違憲」だと考えている。

だが、非武装中立では国が亡《ほろ》びる。そんなことは誰にでも理解できる。それで「戦力」に至らない「自衛力」という苦し紛れの解釈を創り上げた。「交戦権」に関しても、「占領」まではい行わない云々と「交戦権」を極めて幅広く解釈し、そのすべてを持つものではないと解釈した。

今日まで続く国防に関する神学論争は、ここに原因がある。自衛隊を創設する際に、憲法改正をするのが筋だったのだ。しかし、現実との妥協の中で、苦し紛れの「解釈改憲」で逃げ切った。

今回の集団的自衛権の限定的な行使容認も、この解釈改憲に端を発する神学的な解釈だ。

実際問題として、ＰＫＯ活動における「駆けつけ警護」やシーレーンの防備に関して、従来「集団的自衛権」の行使だと判断されてきた行為が、日本にとって必要となっている。そして、世界の多くの国々も、日本がそうした行為に参加してほしいと願っている。こうした中で、本来は憲法改正を行うべきところを、もう一度、苦し紛れの解釈改憲（厳密には「当てはめ」の変更）を行ったのが、今回の安倍内閣だ。

安全保障の問題は票にならない。そして、「軍国主義者だ」「戦争を始める」といわれなき誹謗中傷を受ける。その意味で、政治家にとっては難問だ。あえて火中の栗《くり》を拾いにいったようにも思える。だが、この安全保障に関する法案の整備は、誰かがやらなくてはならないものだった。いつまでも「集団的自衛権はすべて行使できません」といって、大国としての責務を放棄するわけにはいかなかったのだ。あえて困難な選択をした安倍内閣を私は評価したい。しばし、安倍批判が続くだろう。無根拠な誹謗中傷もあるだろう。だが、歴史において、今回の決断は必ず評価されることになるだろう。

［初出］　安倍内閣の決断は後世の国民に評価されるだろう（『岩田温の備忘録』二〇一五年七月十六日）

# 北朝鮮が脅威とは絶対に言わない日本共産党

## 北朝鮮や中国よりも日本の自衛隊の方が危険？

二〇一五年十一月七日、集団的自衛権の限定的な行使容認に反対する日本共産党の志位和夫委員長はテレビ東京の番組で次のように述べていた。

「北朝鮮、中国にリアルの危険があるのではなく、実際の危険は中東・アフリカにまで自衛隊が出て行き一緒に戦争をやることだ」（『産経ニュース』二〇一五年十一月七日）

だが二〇一六年一月六日正午、北朝鮮は政府声明として「水爆実験」の成功を公表した。金《キム》正恩《ジョンウン》体制は、その最高幹部が亡命しているとの情報もあり、体制が綻び始めているという。体制の危機を乗り切るために外部に敵を求め、好戦的な姿勢で国内の引き締めを図るのが独裁国家の常道だ。

今回も、外敵の危機を煽り、危機を乗り越える強力な指導者として自らをアピールせんと勇ましい発言、行動を繰り返しているのだろう。当然、我が国としては、こうした危険な火遊びを無視することはできない。危険な独裁国家が存在しているにもかかわらず、そうした国々が「危険ではない」と強弁し、まるで安倍政権率いる日本の方が危険な独裁国家であるかのような詭弁を弄する。まことに奇怪な主張であった。

## 北朝鮮の水爆実験を脅威だと認めない日本共産党

こうした過去の言動を忘れたかのように、志位委員長は、この北朝鮮の水爆実験に関して次のような談話を日本共産党のホームページで発表した。

「北朝鮮による核実験の強行は、地域と世界の平和と安定に対するきわめて重大な逆行であり、北朝鮮の核開発の放棄を求めた累次の国連安保理決議、六カ国協議の共同声明、日朝平壌《ピョンヤン》宣言に違反する暴挙であり、日本共産党は、きびしく糾弾する」

だが、どう考えてみても、ここで「逆行」という言葉をつかうのはおかしい。常識で考えれば「脅威」という言葉こそがふさわしいだろう。だが、彼らは「脅威」という言葉をつかえないのだ。なぜなら、先にも指摘した通り集団的自衛権の行使に反対する際に、北朝鮮は脅威ではないと断言していたからだ。

多くの国民が北朝鮮の現実的な脅威を知ると、あたかも北朝鮮の暴挙に対して、当初から反対していたかのように振る舞っているが、彼らの論理に従えば、北朝鮮の水爆実験はありえないはずだった。なぜなら、北朝鮮は脅威ではないと主張していたのだからだ。

自分たちの空想的な平和主義が誤っていたことは明らかなのだが、絶対に過ちを認めようとしない。

『論語』では、「過ちては改むるに憚ること勿《なか》れ」といい、「過ちて改めざる、是《これ》を過ちという」ともいうが、彼らはまさに、いつまでたっても「過ちを認めない」という「過ち」を繰り返している。

仮に水爆実験まで予見しながら「脅威ではない」と言うのならば、この人たちにとって「脅威」とは何なのだろうという話になってくるだろう。誰が、どのように考えてみても、今回の北朝鮮の暴挙は平和に対する脅威にほかならない。

こういう平和を乱す国家が存在するから、我が国は安全保障体制を確立すべきなのだ。脅威に対して目をつぶるのではなく、堅牢な安全保障体制を構築して我が国の国民の生命、財産を守るのが政治の責務だ。

［初出］　北朝鮮は脅威ではないと嘯《うそぶ》いていた日本共産党（『岩田温の備忘録』二〇一六年一月六日）
未だに北朝鮮を「脅威」と認めようとしない共産党（『岩田温の備忘録』二〇一六年一月七日）

# 「攻撃されても一切反撃するな」と説く平和ボケの野党議員

## 集団的自衛権行使がテロを引き起こすと煽る

人間の価値観は様々だから、いろいろな考え方があっていいだろう。だが、我が国の政治を担う国会議員が、こういう発言をするのはいかがなものなのだろうか？

維新の党の政治家、初鹿明博《はつしかあきひろ》氏（現・立憲民主党）の発言だ。産経ニュース（二〇一六年一月五日）によれば、初鹿氏は集団的自衛権の行使容認を認めた安倍政権を批判しながら、次のように語ったという。

「（集団的自衛権の行使によって）米国の戦争や他国の戦争に巻き込まれていく。テロが日本でも起こるかもしれない」

「復讐《ふくしゅう》しない、仕返しをしないとの決意を、われわれが持てるかどうかが非常に重要だ」

「テロが起きても動揺したり、怒ったり、あわてたりせず、戦争はしないとはっきり誓い合うことが必要だ」

何点もおかしな点があるのだが、発言順に検討してみよう。

第一の発言は、米国の戦争に巻き込まれて、テロが起こるという論理だ。

この論理がおかしいのは、既にテロリストたちは日本人を破壊すべき堕落した文明社会に生きる人々と位置づけているという点を無視しているからだ。

彼らは既に日本を敵視している。だから、日本人のジャーナリストがISに拘束され、殺害されているのだ。我々が彼らに手を出さなければ、彼らも我々に手を出しはしない、というのは俗耳に入りやすいが、必ずしも真実とはいえない。我々の存在そのものが認められないという価値観を抱く人々もこの世の中には存在するからだ。

拙著『平和の敵 偽りの立憲主義』（前出）の中で詳述したから、興味のある方は読んでいただきたいが、実際に、テロリストは日本のタンカーを攻撃している。日本が手を出さないから安全というわけではないのだ。このとき、日本のタンカーを守ったのは、米軍だった。そのとき、米軍には死傷者が出た。彼らの犠牲のうえに日本の繁栄が成立しているのであり、テロと日本は関係がないというのは、現実を見つめていない暴論だ。

また、初鹿氏の次の発言もおかしい。

「復讐しない、仕返しをしないとの決意を、われわれが持てるかどうかが非常に重要だ」

危険集団に「テロを起こさせない」との決意が重要なのではなく、日本が「復讐しない」ということが大切だというのだ。

これでは、テロが起きること自体は仕方がないと諦めているようにしか感じられない。なぜ、「テロを起こさせない」ように努力するとは言わないのだろうか。

「テロ」は自然災害ではない。人間が引き起こす事件だ。対策を講ずることによってテロを未然に防ぐことこそが重要ではないだろうか。

## 非現実的な「非武装中立」

そして、最もおかしいのが最後の発言だ。

「テロが起きても動揺したり、怒ったり、あわてたりせず、戦争はしないとはっきり誓い合うことが必要だ」

テロが起きて動揺しない人など、この世に存在するのだろうか。少し考えてみればわかるが、そんな人は存在しない。

あなたが通勤途中のバスの車窓から外を眺めていたとしよう。突如、あるビルが爆破された。普通の人なら、何が起こったのかと驚愕するだろう。だが、初鹿氏は「動揺したり、怒ったり、あわてたりせず」にいろという。そして、テロが起きた際に「戦争はしないとはっきり誓い合うことが必要」だという。

要するに、ビルが爆破されたのを見たバスの中の人々は、動揺したり、怒ったり、あわててはならないというのだ。そんなことをする代わりに、互いに「戦争はしない！」と誓い合えと初鹿氏は説くわけだ。

あるいはテロで自分自身の愛する家族が犠牲になった場合はどうだろうか。多くの人が家族の死を悲しみ、残酷なテロ事件を引き起こしたテロリストに憤るのではないだろうか。「私はテロリストを憎まない」という人も中には存在するだろうが、多くの場合、テロリストを憎悪するはずだ。

テロが起きれば驚愕し、怒り、悲しむのが人間というものではないだろうか。もちろん、怒りに任せてすべての行動を決定するような単純な政治であってはならないのは当然だ。

だが、テロを起こすなと主張するのではなく、テロが起きても「復讐するな」、驚きもせずに「戦争はしない」と誓えというのは、どう考えてみてもむちゃな主張であると言わざるをえない。

初鹿氏は集団的自衛権の限定的な行使容認に関して憤っているようだ。だが、結局のところ「集団的自衛権行使容認は立憲主義に違反する」などという主張は、かつての「自衛隊の存在は憲法違反だ」「PKO法案の成立で立憲主義が破壊される」という社会党の主張と大差がない主張なのだ。

二十年たってから「集団的自衛権の行使容認」に関する議論を見直してみたとき、何とも過激で愚かしい議論が横行していたことに気づかされるだろう。

テロが起きても、「動揺したり、怒ったり、あわてたりせずにいろ！」と国民に冷静さを強調する人間が、集団的自衛権の一部が容認された程度で「動揺したり、怒ったり、あわてたりせず」にいてほしいと思うが、いかがだろうか。

〔初出〕　テロが起きても動揺するなと説く不思議な初鹿議員（維新の党）（『岩田温の備忘録』二〇一六年一月八日）

# 決して不磨の大典ではない「非核三原則」

## 日本も核武装をすべき時期を迎えている

日本には「非核三原則」という原則がある。核兵器を「持たず、作らず、持ち込ませず」という内容だ。一九六七年十二月、佐藤栄作《さとうえいさく》総理が国会答弁で述べたのが発端である。

多くの国民が「非核三原則」の存在を知っているだろう。誤解している人も多いようだが、この三原則は憲法で定められたものではなく、あくまで一つの政策にすぎない。絶対に変えてはならない原則ではないのだ。

戦後の日本の外交政策の根本は「吉田ドクトリン」だった。すなわち、安全保障政策では日米同盟を機軸とし、安全保障費を抑え、経済成長を重視するという原則である。戦後日本の繁栄はこの「吉田ドクトリン」にあったと見るのがいまや常識である。だが、この「吉田ドクトリン」が万能薬であったとは言えない。なぜなら、独立国家の根本である「自国は自国で守り抜く」という独立自尊の気概を失わせるという副作用があったからだ。何かあったときに「米軍に守ってもらえばいい」と考えるのは真っ当な独立国家の姿勢とは言えない。

吉田茂自身は自らの原則を「吉田ドクトリン」などと称したことはない。そして彼自身が

「吉田ドクトリン」を痛切に批判していたことはあまり知られていない。吉田は『世界と日本』（番町書房《ばんちょうしょぼう》、一九六三年）の中で、次のように自らの考え方の変遷を述べている。

私は日本防衛の現状に対して、多くの疑問を抱くようになった。当時の私の考え方は、日本の防衛は主として同盟国アメリカの武力に任せ、日本自体はもっぱら戦争で失われた国力を回復し、低下した民生の向上に力を注ぐべしとするにあった。然るに今日では日本を巡る内外の諸条件は、当時と比べて甚だしく異るものとなっている。経済の点においては、既に他国の援助に期待する域を脱し、進んで後進諸国への協力をなし得る状態に達している。防衛の面においていつまでも他国の力に頼る段階は、もう過ぎているのではないか。私はそう思うようになったのである。

（二〇二頁）

さらに吉田は、激越な調子で「吉田ドクトリン」を批判する。

立派な独立国、しかも経済的にも、技術的にも、はたまた学問的にも、世界の一流に伍《ご》するに至った独立国日本が、自己防衛の面において、いつまでも他国依存の改まらないことは、いわば国家として片輪《ママ》の状態にあるといってよい。国際外交の面においても、決して尊重される所以ではないのである。

（二〇三頁）

独立国が自国を自国で守れないなどという状態にあってはならないし、そのような国家は国際社会から決して尊重されることがないというのである。

現在、ドナルド・トランプ米大統領は極めて内向きな姿勢を示している。米軍を海外に駐留させていることが、彼の目には金の無駄づかいにしか思えないのだ。アメリカ外交のエリートたちの思考とはまったく異なる考え方をする人物がアメリカ大統領になった現在、我が国ももう一度、「吉田ドクトリン」について再検討を加えるべきだろう。

「吉田ドクトリン」を再考するということは、アメリカの傘の下にあった我が国の核戦略をどのように展開するのかということを意味している。すなわち「吉田ドクトリン」と同時に「非核三原則」についても再考すべきときなのだ。

当然の話だが、日本に核兵器が存在しないことが、日本の平和を担保しているとは考えられない。日本に核攻撃をしようとする国が存在した場合、その攻撃を踏みとどまらせるのは、人道上の問題を別にすれば、日本の核兵器による報復のはずだ。だが、日本には核兵器がないままに平和が保たれてきた。これは日本を狙う国家が皆無であったことを意味しない。

日本が他国からの核攻撃を免れてきたのは、「非核三原則」が存在したからではなく、日本が「アメリカの核の傘の下」にあったからだ。

こういう事件があったのを、ご存じだろうか。

クリミア半島の併合の際、ロシアのウラジーミル・プーチン大統領が核兵器使用の準備を検討したことがあった。この事件を知った広島市の市長が「被爆者の『こんな思いを、他の誰にもさせてはならない』との平和への思いを踏みにじる」行為だと抗議文をロシア大使に送った。
これに対して、ロシア大使は次のように返信した。

日本がどこの国の「核の傘」に依存しているかはよく知られています。このことは、（中略）被爆者の平和への思いとまったく矛盾しています。

日本がアメリカの傘の下で平和を享受していたことを、世界の国々は知っている。いくら口先で「核廃絶」と叫び、「非核三原則」を掲げていても、アメリカの核兵器によって日本の平和が担保されていたのは事実なのである。

現在、アメリカの核の傘が機能するか否かが問題となっている。北朝鮮が非核化を進めるというが、本当に核兵器の脅威がなくなるのかは未知数だ。仮に北朝鮮に核兵器が残存されていた場合、日本の平和は守られるのか。

「非核三原則」との答弁がされた一九六〇年代と現在では、大いに国際情勢が変化した。核兵器の保有についても真剣に討議すべきときだろう。日本国民の中に核兵器を憎悪する気持ちが強いのも事実だが、必要とされるのは、日本が他国を侵略するための核兵器ではない。自国の核武装によって他国の核攻撃を防ぐ、「防衛的な核武装の検討」が必要なのだ。

［初出］日本の選択⑤ 非核三原則を見直すべきだ（『夕刊フジ』二〇一八年六月十八日）

## 将来の紛争に備え、日本も核兵器武装を検討すべし

### 口先だけの「段階的核兵器廃棄」

「日朝友好」という四文字が目に入ると、たちどころに思考停止してしまう人たちがいる。だが、冷静に考えてみれば、友好関係それ自身を絶対視することは、必ずしも「正しい選択」とはいえない。

第二次世界大戦前、イギリス首相のネビル・チェンバレンは、アドルフ・ヒトラー率いるナチス・ドイツとの友好関係を模索した。彼は独裁者との友好関係を何よりも重んじ、ミュンヘン会議でもヒトラーに譲歩し続けた。「いくらヒトラーとて人間である限り、信義は重んずるだろう」との判断からのものだった。

戦争を回避しようと対話を続けたチェンバレンは「平和を重んずる政治家」と、当時のイギリス国民に支持された。だが、ヒトラーにとってイギリスの譲歩は、愚かな惰弱さ以外の何ものでもなかった。

宥和《ゆうわ》政策ではなく、ヒトラーと対峙《たいじ》する必要性を説いたウィンストン・チャーチルは「好戦

論者」とみなされていたが、彼の厳しい指摘こそが正論だったのだ。

ドナルド・トランプ米大統領と、北朝鮮の金正恩朝鮮労働党委員長はシンガポールで会談する。だが、会談それ自体に意味はない。会談の結果、何がなされるかこそが重要なのだ。

北朝鮮が口先で「平和」「友好」、そして「段階的核兵器廃絶」を唱えても、実践が伴わねば何の役にも立たない。いまだに北朝鮮は日本、そしてアジアの平和の脅威であり続けている。

この事実から目を背けてはならない。

北朝鮮の報道を見るたびに思い出す発言がある。

日本共産党の志位和夫委員長の発言だ。彼は限定的な集団的自衛権の行使を認める平和・安全法制に反対し、二〇一五年十一月七日、テレビ東京の番組で次のように発言した。


「北朝鮮、中国にリアルの危険があるのではなく、実際の危険は中東・アフリカにまで自衛隊が出て行き一緒に戦争をやることだ」

（『産経ニュース』二〇一五年十一月七日）


まったく意味のわからない詭弁である。愚かなだけでなく、危険な発言でもある。今ここにある北朝鮮の脅威から目を背け、あろうことか自衛隊が海外で戦争をすることが危機だという。自らの観念に惑溺し、現実を見つめられない空疎な「平和主義者」の、典型的な事例といってよい。

米朝首脳会談が開催されても、危機が立ち去ったわけではない。我々は何をなすべきか。イタリアの政治思想家、ニッコロ・マキャベリは『君主論』（前出）で次のように指摘している。

あらゆる努力をかたむけて、将来の紛争に備えておくべきだ。危害というものは、遠くから予知していれば、対策をたてやすいが、ただ腕をこまねいて、あなたの眼前に近づくのを待っていては、病膏肓《やまいこうこう》に入《い》って、治療が間にあわなくなる。（一一頁）

遅きに失した感が否めないが、我が国の防衛体制を堅牢にすべく、核武装も含め、あらゆる手段を検討すべきときだ。

［初出］ 日本の選択② 友好関係を絶対視するのは愚かだ（『夕刊フジ』二〇一八年六月十三日）

第六章

# 「国際関係」ニュースのおかしな議論

# 法よりも反日感情が優越する韓国

## 国民の怒りに便乗して政治が事件に介入

実に興味深い本を読んだ。加藤達也《かとうたつや》氏の『なぜ私は韓国に勝てたか』（産経新聞出版、二〇一六年、以下引用は同書）だ。我々が隣国、韓国とは何かを知るための必読書だと言ってよい。

本書は加藤氏の壮絶な体験に基づく手記だが、この事件について論ずるためには、少々時間をさかのぼらなければならない。

二〇一四年四月十六日、韓国の旅客船セウォル号が沈没した。修学旅行中の多くの高校生が亡くなる大惨事であり、多くの人々が悲しんだ。だが、時とともに、悲しみの声は、怒りの声に変容していった。本来であれば乗客の救出の任にあたるべき船長が、自らの任務を放棄して、乗客を見捨てる形で逃げ出してしまっていたからだ。韓国国民は激怒した。国民の怒りの高まりを見て、朴槿恵《パククネ》大統領は、ある会議で口走る。

「殺人に相当する」

一国の大統領が、軽々しく発するべき言葉ではない。いくら国民が憤激していようと、法の下において裁判を粛々と進めていくのが自由・民主主義国家の常識である。

だが、韓国では大統領の発言を受け、検察庁の高官が、容疑を殺人に広げて捜査する旨を言明したのだ。

このとき、産経新聞ソウル支局長であった加藤氏は奇妙な違和感を覚えていたという。法の支配を無視して、事件に政治が介入する。これが韓国社会の政治風土なのか、と。

だが、数カ月を経ずして加藤氏自身が韓国の特異な政治的文化によって、被害者となる。

## 朝鮮日報の記事を参考にした産経新聞のコラムが名誉毀損

問題の発端は、セウォル号が沈没した当日の朴大統領の謎の七時間にあった。安全対策本部に赴くまでの七時間、朴大統領の居場所が不明だった。

第一にこの問題を取り上げたのは、『朝鮮日報』だ。『大統領をめぐるうわさ』と題して、記事では事故当日に朴大統領が元側近の鄭潤会《チョンユンフェ》氏と密会していたうわさがある、と、スキャンダルをほのめかしている。朴大統領と鄭氏の密会という「事実」を報じるのではなく、密会していたという「うわさ」が韓国中でささやかれているという「事実」を報じる内容だ。

この『朝鮮日報』の記事を参考に、加藤氏が記したコラムが『産経新聞』に掲載された。タイトルは『【追跡~ソウル発】朴槿恵大統領が旅客船沈没当日、行方不明に…誰と会っていた?』。コラムでは、事故当日、朴大統領が七時間にわたって行方不明になっていたということを「ファクト」、すなわち「事実」としているが、密会については、あくまで「うわさ」だとしている。

読み比べてみても、『朝鮮日報』の記事以上に過激だとはいえない内容だ。

問題が複雑化するのは、この加藤氏の記事が「ニュースプロ」という韓国のサイトに無断で転載されたからだ。無断に「転載」するだけではなく、タイトルは変更され、内容には「ニュースプロ」の意見が挿入されている。記事のタイトルは『産経、朴槿恵 消えた7時間、私生活の相手は鄭ユンフェ?』。

まるで、朴大統領が鄭潤会氏と密会したことが「事実」であると報じているかのように、読者を惑わすひどいタイトルだ。『産経新聞』を「日本の右翼を代表する」と形容し、いささか煽情的《せんじょうてき》な論調だといってよい。この記事が転載されたことによって、加藤氏は朴大統領の名誉を毀損したとして、起訴されることになる。

もともとの記事を読んでみれば明らかなように、これは『朝鮮日報』の記事を参考にして書かれたコラムなのだが、訴えられたのは加藤氏のみであり、『朝鮮日報』の記者は訴えられていない。

加藤氏を起訴したというこの事件の問題の核心は、反日のための行為であれば許される、反日行為は法を超えてでも許されるべきだという異常な論理が韓国には存在していることだ。仮に、加藤氏の記事が名誉毀損に相当するというのであれば、『朝鮮日報』の記事も名誉毀損で訴えられるべき記事だということになろう。

## 具体的な理由なしに反日感情のみで告訴

裁判で加藤氏を告発した人物が問われる。

弁護人（略）具体的にどの部分が朴大統領の名誉を毀損したと思い、告発したのか。
張　今ははっきり思い出せないが、覚えている部分は、セウォル号事故当日7時間、鄭氏と一緒にいたということ自体が問題だと思う。それ以外はよく思い出せない。
（張《チャン》ギジョン氏、二五七頁）

これでは、「朝鮮日報」を訴えるのが筋という話になってしまうが、『朝鮮日報』は読んでいなかったから、訴えないという。何とも杜撰《ずさん》な、論理とも呼べぬ理屈で裁判を始めているのだ。おそらく、彼らの本音は次の言葉にある。

韓国国民の七〇％以上には反日感情がある。反産経も多い。
（同右）

とんでもない虚偽事実で大韓民国の大統領が非常に良からぬ男女関係で、大韓民国がその程度の水準の国だ、そのようなニュアンスの記事だと判断し、韓国国民の一人として、不快な心情を隠せなかった。（朴《パク》ワンソク氏、二五九頁）

要するに、日本が嫌いで、気分が悪かったから訴えた、ということにすぎない。法とはかけ離れた個人的な反日感情で告訴が可能であるというのは、おかしな話だ。

この人物の主張を喘わざるをえないのは、大統領の男女関係で「大韓民国がその程度の水準の国だ」と思われるのを深く憂慮しながら、まったく法に基づかない反日感情によって日本人を訴えることこそが「その程度の水準の国だ」と思われてしまうということにまったく気づいていないからだ。正当な言論活動の範疇にある加藤氏の「言論の自由」を、無理やり司直の手によって封じてしまおうとする点こそ、韓国が「その程度の水準の国」と思われる原因にほかならない。

なお、こうした裁判を応援する団体の中には、産経新聞ソウル支部に糞尿《ふんにょう》を投げつける団体もあったという。そして、驚くべきことに、この裁判で韓国の名誉を守ろうという人々の中には、セウォル号の遺族が「ハンスト」を行っている最中に、「爆食闘争」を展開した人々もいるという。「爆食闘争」とは、「ハンスト」をしている人たちの前で、ピザやチキンを大いに食べ、ビールを飲む「闘争」とのことだが、この品のなさには呆れ返る。

救いとなるのは、韓国の中にも良心のある人々が存在したことだろう。まずは加藤氏の弁護を引き受けた弁護士だ。政府を敵に回す可能性を否定できない裁判で弁護を引き受けた彼は次のように語っている。

「この裁判で弁護の依頼を断り続けるようなことがあったら、韓国や韓国民が笑いものになっていた」

（六〇頁）

また、加藤氏を見て、加藤氏本人だと気づいたクリーニング店の店長は語ったという。

「外国に来てこんなひどい目にあって大変でしょう。私は応援していますから」

（一一三頁）

店長は加藤氏に果物をくれたという。

我々が韓国という国家全体、韓国国民全体を反日一色で野蛮な人々だと断ずるのは間違いだ。だが、法を超えてでも反日感情を優先させるべきだと思い、考え、行動する人々が一定多数存在する国家であることを忘れるのも間違いだ。我々はあくまで冷静にあるべきだろう。そして、異常な主張と闘い続けた加藤氏の著作こそ、韓国とは何かを考える際の必読のテキストといってよいだろう。

［初出］　法を超越して反日を優先する 韓国は「その程度の国」（『iRONNA』二〇一六年二月十六日）

# 北朝鮮相手に同じ過ちを繰り返してはいけない

## 北朝鮮の「非核化宣言」を安易に信じるな

ドイツの哲学者、ゲオルク・ヴィルヘルム・フリードリヒ・ヘーゲルは「歴史は繰り返す」と主張した。これに対し、同国の哲学者で思想家のカール・マルクスは、歴史の繰り返しを肯定しながら、「一度目は偉大な悲劇として、二度目はみじめな笑劇として」とつけ加えた。

マルクスの言葉をぼんやりと思い出したのは、ドナルド・トランプ米大統領と、北朝鮮の金正恩朝鮮労働党委員長の会談が行われるとのニュースを目にしたときだった。

正恩氏は「今後は核実験と弾道ミサイル発射を自制する」との意向を表明したとも報じられた。だが、こうした言葉を鵜呑みにするのは愚かであり、危険なことだ。重要なのは「非核化する」という言葉ではなく朝鮮半島の「非核化」そのものだ。言葉ではなく行為こそが重要だ。

一九九三年から九四年にかけ、北朝鮮の核開発疑惑が深まった。このとき、クリントン米政権のウィリアム・ペリー国防長官は戦争を辞さない覚悟で北朝鮮との交渉にあたった。北朝鮮の動向次第では、実際に朝鮮戦争が再開しかねない危険な状況にあったのである。

だが、アメリカは、本音では「戦争を回避したい」と考えていた。そのために、北朝鮮に対して戦争も辞さないとの圧力をかけながら、一方で戦争を回避すべく外交交渉にあたっていたのだ。結果として、戦争は回避することができ、北朝鮮の非核化を含む「米朝枠組み合意」が結ばれた。そして、一定期間、この米朝枠組み合意は有効だった。こうした状態が続けば、歴史に残る素晴らしい外交交渉だったといえるだろう。

しかしながら、約束は踏みにじられた。北朝鮮は核開発を断念せず、黙々と核武装の道を歩み続けたのだ。米朝枠組み合意とは、北朝鮮の時間稼ぎのために結ばれた「偽りの合意」にほかならなかったのである。アメリカ、そして国際社会への約束と期待を裏切った北朝鮮の核武装は、まさに人類の悲劇にほかならなかった。結果を振り返れば、この外交交渉は失敗であったと評価すべきであろう。現時点で、正恩氏は「非核化」に向けて動くと表明しているが、北朝鮮の歴史そのものを振り返れば、安易にこうした言葉を信用することができない。国家と国家の合意を、平然と破棄した事実は何よりも重たい。

トランプ氏率いるアメリカ政府は、あくまで朝鮮半島の恒久的な非核化を目指しており、それ以外は受け入れられないと表明している。日本の平和にとっても、北朝鮮の非核化は極めて重要な問題だ。目先の平和に踊らされ、将来の禍根を残すような合意は許されない。北朝鮮の「空虚な訴言」を信じるという愚かな道化として歴史を繰り返すべきではない。

まったく笑えぬ笑劇が演じられることがないことを切に望む。

［初出］　日本の選択①　歴史を繰り返してはいけない（『夕刊フジ』二〇一八年三月十三日）

# 前提条件なしに南樺太をロシア領だとするセンター試験

## もともとは日本領だった南樺太

産経新聞がセンター試験の日本史Bの問題について報道した。私もコメントを寄せた一人として、もう少し詳しく書いておきたい。

拙著『「リベラル」という病』（前出）で詳述したことだが、第九条を守っていれば日本は平和だと夢想する「リベラル」（括弧で「リベラル」としている意味については本書をお読みいただきたい）たちは、我が国の領土問題について軽視する傾向が強い。おそらく、出題者は悪質な意図を持っていなかったのだろうが、よく考えてみるとおかしな悪問になっている。

出題は次の文章に関連づけてされている。

近代国家となった日本が、軍事的にアジア諸地域へ侵攻し、他国を植民地にしたり領有したりしたことも忘れてはいけない。

日本が「他国」を植民地にしたこと、領有したことに関しての問題だ。

この文章に関連づけられて、一九〇六年の日露国境画定標石の写真が掲載され、この写真に関連する場所として南樺太《みなみからふと》を選択させる問題になっている。

確かに一九〇五年の日露講和条約で南樺太の割譲が決定され、ロシア領であった南樺太が日本に割譲されたのは事実だ。この時点のみを取り上げれば「他国を植民地にしたり領有したりした」との文言は誤っているとはいえない。

しかしながら、センターの大塚雄作《おおつかゆうさく》試験・研究統括官の「設問は近代日本の大陸政策についての理解を広く問うた」との言葉は、これと矛盾している。

樺太の問題は「広く問うた」ならば、この条約を結んだ瞬間にロシア領であったことだけではなく、江戸《えど》時代から松前《まつまえ》藩の役所があったこと、日露両国民が混在の地であったこと、樺太・千島《ちしま》交換条約が存在し、その後にロシア領になったことを理解させるような問題でなければならないはずだ。

この瞬間のみを取り上げれば「他国」だが、かつては日本領と考えられていた時期もあったことを思い起こさせるような設問であることが望ましい。これを単純に「他国」としてしまうと、従来ロシア領であり続けてきた樺太を、日本が無理やり奪ったと受験生が思い込みかねない危険がある。当時の日本人の認識としては、「他国を奪う」というより、「奪われた領土を取り戻す」、失地回復という意識の方が強かったのではないか。

仮に、この問題がロシア国内の歴史科目の試験問題であるならば、こういう書き方になっても致し方ないと思うが、ここは日本だ。教育基本法では、「伝統と文化を尊重し、それらをはぐくんできた我が国と郷土を愛する」ことが謳われている。この地を郷土として生きた日本国民が存在したことを軽視するような問題は悪問だと言わざるをえない。

［初出］　南樺太を「他国」と断ずるセンター試験の問題は悪問だ！（『岩田温の備忘録』二〇一八年一月二十五日）

## 韓国の女性家族長官の史実に反した「性奴隷」発言

### 慰安婦＝性奴隷という虚偽のストーリー

こういう発言を見逃すべきではない。韓国の鄭鉉栢《チョンヒョンベク》女性家族長官が国連の女子差別撤廃委員会で「慰安婦問題」について触れた際、「性奴隷」との表現を用いたというのだ。

私は「慰安婦」であった人々が単なる売春婦であり、同情する余地はまったくないとの見解には立っていない。名誉や尊厳を傷つけられた人々には同情するのは人間として当然のことだと思っている。彼女たちとて、平和な時代に生まれれば、「慰安婦」などという職業につかずに人生をまっとうできただろう。時代が生んだ悲劇であることは否定できない。

しかしながら、嘘はよくない。日本兵が武器を用いながら女性たちを無理やり連行したというイメージが流布されているが、それは事実に反する。吉田清治なる人物がまったく虚偽の物語をでっち上げ、こういうイメージが流布しているが、こういう事実とはかけ離れたイメージに基づいて日本が「反省」するのは間違っている。

歴史的問題で重要なのは「和解」に向かう意思だが、この慰安婦問題に関して、日本は「和解」への道を歩もうと努力を続けた。しかしながら、「和解」よりも「反日」を優先させ、何度も「和解」への道を歩むことを拒絶してきたのが韓国なのだ。

日本でも奇妙な「リベラル」が存在していて、「何度でも謝り続ければいい」「相手が誠意を感じないような謝罪をしている日本が悪い」と日本を非難し、挙げ句の果てには、韓国人に会ったら、まずは歴史問題についての謝罪から挨拶を始めるなどと言い出す内田《うちだ》樹《たつる》氏のような「リベラル」まで存在する。重要なのは、事実に基づく話し合いであり、「和解」への意思のはずだ。この鄭氏は、過去にこのような発言もしている。

「ワシントン、ニューヨーク、ベルリンで慰安婦問題に関する国際会議を開くなどし、効果的に日本に圧力をかけねばならない。われわれだけの問題ではなく、戦争と女性の人権にからんだグローバルな問題だ」

（『産経ニュース』二〇一八年一月二十三日）

女性の尊厳が傷つけられた事例について研究するのは当然だが、まるで日本軍のみが性の問題で極悪非道な軍隊であったということは、事実に反する。各国の軍隊が性の問題を抱えていた。韓国とて例外ではない。朝鮮戦争の際、「特殊慰安隊」と呼ばれた慰安婦の人々が存在していたことが研究者の研究によって明らかになっている。客観的に事実を解明しようとするのではなく、日本を不当に貶めることを目的とする研究や発言に対して、日本が反論するのは当然のことと言わねばならない。

また、この鄭氏は国際情勢についても奇怪な見解の持ち主であるようだ。あるシンポジウムで、彼女は次のように述べている。

「アメリカや日本などだけを対象とした外交で朝鮮半島の平和の実現が困難になった場合、私たちは批判の声をあげる必要があります。特にアメリカあるいは周辺国が南北朝鮮の友好関係に介入した場合、私たちはさまざまな方法で、韓国および海外の世論を動員するための宣伝役をはたさなければなりません」

（女性平和基金シンポジウム、二〇〇六年）

独裁者が支配する北朝鮮の脅威をまったく認識できていないのみならず、まるでアメリカや日本の外交によって、本来は平和な朝鮮半島に混乱が生じるかのような言い方だ。世論を喚起することすら不可能な、自由のまったく存在しない北朝鮮に暮らす人々の人権状況に思いを馳せることなく、ひたすら日本とアメリカを非難する様子は、我が国の「リベラル」と酷似している。「リベラル」という病は、相当深刻な問題だ。今回は外務省が早速対応したようだ。こういうとき、鳩山政権だったらどんな対応をしていただろうと考えると、安倍政権でよかったと率直に思うのである。

［初出］　韓国女性家族相の「性奴隷」発言は、大問題だ。（『岩田温の備忘録』二〇一八年二月二十三日）

## 金一族の思想を読み解けば、北の核廃棄はありえない

### 何よりも軍事力を最優先する「先軍思想」

「彼を知り己を知れば百戦殆《あや》うからず」

『孫子』の有名な一節である。自分が戦う相手の正体を知り、さらに冷静に自分自身を分析すれば、戦に敗れることはないという意味だ。

南北首脳会談の実施を認めた北朝鮮の最高指導者、金正恩朝鮮労働党委員長は何を考えているのか。好き嫌いの問題は別として、彼自身が何を考えているのかを確認することが重要だ。

正恩氏は日本語で二冊の著作集を出版している。演説を収録したものだ。もちろん、彼自身が執筆したものではない可能性が高い。

だが、政治家が自分自身の名前で出版した著作物を軽んずるのは間違っている。公開された演説の中から、正恩氏自身の政治的な論理、思考のあり方を解釈していくことは重要な知的作業だ。

アドルフ・ヒトラーは『我が闘争』という著作の中で繰り返しユダヤ人憎悪の念を吐露し、

すべての悪の根源はユダヤ人にあるという人種差別的偏見を明らかにしていた。狂気的なユダヤ人憎悪の念が明らかにされていたが、多くの人は真《ま》に受けなかった。だが、狂気的な憎悪からの殺戮が現実となったのは周知の通りだ。

正恩氏の著作集を丹念に読み込んでいくと、北朝鮮の独裁体制を支えるイデオロギーが見えてくる。

例えば、朝鮮半島の歴史について、正恩氏は概略で次のように総括している。

「朝鮮半島の人民は、常に『正しい指導』を行う指導者を欠いていたために、大国への従属と亡国を繰り返してきた。その朝鮮半島に金日成《キムイルソン》主席という不世出の指導者が出現して、人民を正しく指導したからこそ、北朝鮮という素晴らしい国家ができあがった」

もちろん、我々は北朝鮮が素晴らしい国家だとはまったく思わないが、批判より前に、彼ら自身を支える内在的な論理を読み取ることが大切だ。

最も重要なのは、適切な指導を欠いたとする朝鮮半島に日成氏が持ち込んだ指導の内容である。正恩氏は、これを「銃重視を革命の根本として打ち出し」たことであると指摘している。すなわち、他のすべてよりも軍事力を優先するという「先軍《せんぐん》思想」こそが、不幸な朝鮮半島の歴史に欠けていた指導だったというのが北朝鮮、そして正恩体制を支える論理なのである。

こうした北朝鮮の内在的論理を理解すれば、北朝鮮が核兵器を放棄するはずがないことが明らかになる。なぜなら、銃を重視した「正しい指導」の現代版は、まさに核兵器を重視した戦略にほかならないからだ。

北朝鮮が対話によって核兵器を放棄すると信じている人たちは、正恩氏、そして北朝鮮の論理をまったく理解できていない。

［初出］　日本の選択②　北朝鮮は核兵器を放棄しない（『夕刊フジ』二〇一八年三月十九日）

# 朝鮮専門家の見識はあてにならない

## 米朝の駆け引きを冷静に分析せよ

米朝首脳会談をめぐって、国内では一喜一憂したような報道が繰り返されている。いまだに実現されていない会談の結果を、あたかも知っているかのように論じる人たちもいるが、まことに滑稽である。

先日の南北首脳会談で、金正恩朝鮮労働党委員長が終始笑顔であったこと、その他の映像を見て、正恩氏が人格者で人情味のある指導者であるかのように論じる人がいる。一方で、安倍晋三総理率いる日本外交は「蚊帳の外」に置かれていると、警鐘を乱打する人まで多種多様だった。

冷静に考えれば、親族まで平然と殺戮する人物が、人格者であるはずがない。ドナルド・トランプ米大統領と太いパイプを持つ安倍総理が、「蚊帳の外」に置かれているはずもない。

しかしながら、本当に考え直すべきなのは、この会談の本質である。これは、「米朝友好」や、「東アジアの平和」「正恩体制の維持」などをめぐる各国間の駆け引きであり、その結果は誰にもわからない。話し合いをすれば必然的に友好が訪れるといった類いの話では決してない。

私が最も情けなく感じたのは、トランプ氏が五月二十四日、正恩氏に「米朝首脳会談を中止する」との書簡を送ったときだ。

トランプ氏を腑甲斐《ふがい》なく思ったのではない。「これで米朝首脳会談がなくなってしまった」と素直に信じ込む人々が日本ではあまりに多かった。

私は注意を喚起すべく、二十四日のツイッターで次のように指摘した。

米朝首脳会議が開催されるといえば、はしゃぎ、中止されるといえば、周章狼狽《しゅうしょうろうばい》する。これでは話にならない。開催すると言ったときに中止の可能性を考え、中止といったときに開催の可能性を考えておくのが政治だろう。日本の朝鮮問題の専門家とやらは、全く見識がないことが白日の下に曝された。

率直に言えば、私はこの報道に接した際、「これで米朝首脳会談は実現に近づくのではないか」と感じた。両者の真剣さを確認するためのブラフではないかと直感したためだ。

今回の会談は、平和な時代における紳士と紳士の和やかな話し合いではない。アメリカ大統領史上、相当型破りなトランプ氏と、現代における冷酷な僭主、正恩氏の駆け引きなのだ。首脳会談を開催する、しないをめぐって駆け引きが存在しないはずがない。

日本にとって重要なのは、この米朝首脳会談に過度な期待をすることでも、過度な失望をすることでもない。日本の同盟国としてアメリカは何をなし、そして何をなすことができないのかを、冷静に見極めることだ。

すべてをアメリカに依存するのではなく、戦略的にアメリカと友好関係を維持するために、日本自身が何をなすべきなのかを、焦ることなく冷静に考え始めることが肝要だ。

〔初出〕 日本の選択① 朝鮮専門家の無見識がバレた 米朝首脳会談直前 日本は冷静に見極めよ(『夕刊フジ』二〇一八年六月十二日)

## 金一族の正統性が揺らぐ核放棄

### 北朝鮮は核を手放さない

世界中から注目を集めていた米朝首脳会談が終わった。「誰もが予想したより、はるかによい結果」とドナルド・トランプ米大統領は胸を張り、北朝鮮の金正恩朝鮮労働党委員長は「歴史的会談」と高らかに宣言した。確かに、非難の応酬をしていた二人の指導者が手を握り、微笑《ほほえ》みながら会談している様子を眺めれば、事態が好転するかのように思う人もいるだろう。だが、これで東アジアに平和と安定の時代が訪れると判断するのは早計にすぎる。

北朝鮮は何度となく国際社会を欺き、核開発を継続してきた。今回の約束が履行されるか否かは、いまだにわからない。この後、何が起ころうともおかしくはない、不安定な状況にあり続けていることを閑却すべきではないだろう。

政治という営みで重要なのは、政治的選択のもたらした結果である。素晴らしき結果を約束する言葉を、安易に信じるべきではない。結果なき言葉は、ただの空《から》約束にすぎないからだ。そして、北朝鮮の独裁者は「非核化」という空約束を繰り返してきた。そのたびに、国際社会は狂喜乱舞したが、結局は欺かれ続けてきた。こうした事実を、決して忘れるべきではない。

国際社会が欺かれ続けてきた表徴の一つが、北朝鮮の憲法だ。二〇一二年四月、北朝鮮の最高人民会議で憲法改正が行われ、故金正日《キムジョンイル》総書記の功績を称える文言が憲法に書き加えられた。北朝鮮の憲法では、「祖国を政治思想強国、核保有国、無敵の軍事強国に変えた」ことが正日氏の偉業とされている。

憲法で「核武装国家」と規定されているのが北朝鮮なのだ。北朝鮮において「立憲主義」を守り抜くためには、核武装国家であり続けなければならないということになる。正恩氏の父であり、祖国の指導者と称え続けてきた正日氏の偉業とされるのが「核武装」だ。「核保有国」としての立場を捨てることは、正恩氏の政治的正統性を揺るがしかねない選択である。

偉大なる指導者の「核保有」という選択が誤ったものであったことを認めさせるのは、容易なことではない。今回、正恩氏は「朝鮮半島の完全な非核化に向けた、固く揺るぎない決意」を確認したというが、独裁者が「決意」を「確認」したと表明しただけで、平和は訪れない。確実に非核化を実施したのでなければ、平和は訪れないのである。

現在、米朝首脳会談を評価すべき時期ではない。歴史だけが、この会談を評価できる。今、我々にできることは、北朝鮮が「完全な非核化」を実施するのか否かを、厳しく監視し続けることだ。

［初出］　日本の選択③　憲法に「核武装国家」と規定している北朝鮮　米朝首脳会談での「非核化」声明は信用できない（『夕刊フジ』二〇一八年六月十四日）

## 「吉田ドクトリン」を見直す時期

### アメリカが北朝鮮の対話に応じるのは核の脅威によるもの

戦後日本の繁栄の基礎を築いた功労者の一人が、吉田茂元総理だ。彼は安全保障政策では日米同盟を機軸とし、安全保障費を抑え、経済成長を重視した。吉田氏の外交政策は「吉田ドクトリン」と呼ばれ、戦後日本の基本的な方針となった。国際政治学者の高坂正堯《こうさかまさたか》氏は名著『宰相吉田茂』（中公叢書《そうしょ》、一九六八年）で、吉田氏の外交路線を現実主義の観点から高く評価した。

だが、この「吉田ドクトリン」は、日本にとって永久に最善な戦略であり続けるわけではない。焼け野原となった国土を復興させるため、当時としては最善の選択であったかもしれないが、最善な戦略は状況によって変化する。状況の変化を的確に理解しながら、戦略を変化させていくのが政治の役割である。「変わらないためには変わり続ける」ことが重要だ。すなわち、変わらずに生き残るためには、状況に応じて自らの戦略を変え続ける必要がある。

米朝首脳会談の結果を評価するのは時期尚早だが、日本は根本的に「吉田ドクトリン」を再検討すべき時期を迎えている。安全保障ではアメリカに依存し、独自の「軍隊」すら持たないという戦略は、二十一世紀の日本にふさわしい戦略とは言えないであろう。日米同盟を軽視するつもりは毛頭ないが、日本独自の「戦力」を保有すべきときを迎えている。

北朝鮮の金正恩朝鮮労働党委員長が、ドナルド・トランプ米大統領と直接会談できた理由は何か。それは、核兵器という巨大な戦力を保有したからである。どう考えてみても、核武装なき北朝鮮の指導者と、超大国の指導者が直接会談できたとは思えない。

国内において国民の人権を蹂躙し、他国の国民を拉致、さらには繰り返し軍事的威嚇を続けてきたのが北朝鮮だ。本来であれば、民主主義国家の指導者として、トランプ氏は、こうした独裁者を厳しく非難すべきなのである。

今回の米朝首脳会談から学ぶべきは、「核兵器の効用」である。核兵器を保有した独裁者は、場合によっては超大国の指導者と直接対話することすら可能なことが明らかになった。

北朝鮮が完全な非核化に踏み切るか否かは、現時点では予測不能だ。仮に北朝鮮が非核化しなかった場合、日本はいかなる対応を取るべきか。この問題を考える際に重要なのが「吉田ドクトリン」であり、憲法第九条第二項だ。戦力の不保持を謳った憲法第九条の存在こそが、「吉田ドクトリン」の肝なのだ。明治維新の際、「独立の気力なき者は国を思うこと深切《しんせつ》ならず」と喝破したのは福沢諭吉だった。日米同盟を否定する必要はない。だが、すべてをアメリカに依存する状況から脱却し、独立自尊の気概を取り戻すべき時期を迎えている。

〔初出〕日本の選択④ さらば「吉田ドクトリン」米国依存から、独立自尊へ（『夕刊フジ』二〇一八年六月十八日）

## 在韓米軍撤退もありうる不安定な朝鮮半島情勢

### アメリカに頼り切らずに日本も自国で守り抜く気概を

我が国の歴史を鳥瞰《ちょうかん》すると、顕著な特徴が見えてくる。朝鮮半島情勢が不安定な状況に置かれたとき、日本に危機が訪れるのだ。

具体的にいえば、古代においては、朝鮮半島が巨大な大陸国家の影響下に入ったとき、日本の安全保障は危機に陥った。古代朝鮮半島における覇権争いとでもいうべき「白村江《はくそんこう》の戦い」（六六三年）で唐《とう》、新羅《しらぎ》に大敗北を喫した後、朝廷は「防人《さきもり》」を北九州へ派遣し、烽火《とぶひ》（＝のろしを上げて外敵の侵入を急報する設備）を設けた。言うまでもなく、大陸からの侵攻を恐れた危機意識の表れである。

そして、朝鮮半島がモンゴルの支配下に置かれたとき、「元寇《げんこう》」（一二七四年と八一年）という国難が襲来する。「国難」という言葉が大袈裟な表現ではないことは、亀山《かめやま》上皇の「わが身をもって国難に代わらん」という、すさまじい祈りの言葉から明らかであろう。豪胆な執権《しっけん》、北《ほう》条《じょう》時宗《ときむね》の勇ましさとともに忘れてはならないのが、この亀山上皇の民を慈しむ心であり、尊い自己犠牲の精神だ。

熱烈な愛国心こそが、我が国の危機を克服する原動力にほかならなかったのだ。

近代日本の危機も、また朝鮮半島をめぐって訪れた。日清戦争《にっしん》（一八九四〜九五年）、日露戦争（一九〇四〜〇五年）は朝鮮半島の覇権をめぐる闘争にほかならなかったのである。仮に、日清戦争、日露戦争で日本が敗北するような事態になっていれば、巨大な大陸国家は、古代と同様に朝鮮半島を足がかりに日本列島への侵略を企図していたであろう。

一九二八年、パリ不戦条約において戦争が違法化される以前の世界においては、力こそが正義であり、力なき正義は一顧だにされなかった。

そして現在、再び朝鮮半島をめぐる問題が、日本を危機に陥れようとしている。

異常な「反日」政策を続け、北朝鮮に迎合するだけの韓国、そして虎視眈々《こしたんたん》と朝鮮半島の統一を狙う北朝鮮。これに対して、「同盟国を重視する」という常識的で冷静なジェームズ・マティス氏が国防長官を辞任したトランプ米政権は、北朝鮮の「完全な非核化」を実現できるのか。また、朝鮮半島の非核化の条件として、「在韓米軍の撤退」を北朝鮮が要求したらどうなるのか。

近視眼的な経済的損得勘定から、ドナルド・トランプ大統領が在韓米軍の撤退を決定する可能性はゼロとはいえない。

日米同盟が重要な同盟であることは当然だ。しかし、日本の安全保障の主人公は日本人であるべきなのも事実である。仮に、在韓米軍撤退という、従来の常識では考えられなかったような事態を迎えようとも、うろたえてはなるまい。

「何があろうとも、我が国を守り抜く」という気概を持って、現実的な安全保障体制を構築する時期なのだ。それは、すなわち「日本人の覚悟」が問われているということだ。

［初出］ 日本の選択① 〝反日〟続ける韓国、統一狙う北朝鮮…不安定な半島情勢は日本の危機 問われる「日本人の覚悟」（『夕刊フジ』二〇一九年一月二十二日）

# 「韓国は異様な反日政策を取っている」発言を政治的だと批判する「リベラル」

## 「リベラル」のダブル・スタンダード

山梨大学（甲府市《こうふ》）の島田眞路《しまだしんじ》学長の「年頭のあいさつ」が物議を醸している。島田氏は次のように述べた。

「不穏といえば、韓国もレーダー照射、徴用工問題、慰安婦問題など異様な反日政策を取っている」

韓国が「異様な反日政策」を取っているとの島田氏の指摘に対して、批判の声が上がった。例えば、精神科医の香山《かやま》リカ氏はツイッターで「自由が守られるべき学問の場での偏った政治的発言」と批判した。

私は大いなる違和感を覚えずにはいられなかった。学問の場において「偏った政治的発言」をしてはならないというのは、一つの考え方としてあってよい。だが、私が見ている限り、この手の批判をする人々は「二重基準（ダブル・スタンダード）」を用いている。

要するに、自分たちが政治的発言をするのは自由だが、自分たちと異なる意見の持ち主が政治的発言をするのは「偏っている」というのだ。

例えば、安倍政権における集団的自衛権の行使容認の際の議論を思い返してみてほしい。多くの大学教員たちが「立憲主義が破壊される」と獅子吼し、デモに参加する人も少なくなかった。彼らの発言は政治的に偏っていなかったのだろうか。

そして、韓国が「異様な反日政策」を取っているとの見解は、確かに政治的発言には違いないが、それほど非常識な発言なのだろうか。韓国が反日政策を取っているから、韓国人を差別せよなどと扇動したなら、それは大問題である。だが、文在寅《ムンジェイン》政権以降の韓国の対日姿勢は紛れもなく反日的なものだ。

確認してみよう。

韓国・済州島《チェジュド》で、二〇一八年十月に行われた国際観艦式では、自衛艦旗「旭日旗《きょくじつき》」の掲揚が認められず、やむなく海上自衛隊は参加を放棄した。その後、いわゆる「元徴用工」の裁判では、常軌を逸しているとしか思えぬ判決が下った。日韓の請求権問題は、一九六五年の日韓請求権・経済協力協定で「完全かつ最終的に解決」されているにもかかわらず、日本企業へ賠償支払いを命じたのだ。

さらに、二〇一五年末の日韓慰安婦合意に基づいて設立された「和解・癒やし財団」を解散するという。この財団は日本側が十億円を拠出して設立した財団だ。政権交代があったとはいえ、国家間で決められた合意を一方的に破棄するような行動は、暴挙といってよいだろう。

そして、レーダー照射の問題だ。韓国海軍の駆逐艦が、海自P1哨戒機《しょうかいき》に「敵対行為」といえる火器管制用レーダーを照射し、日本側が抗議した。これに対し、韓国政府は自らの誤りを認めぬばかりか、逆に日本に対して謝罪を求めた。「盗っ人猛々《たけだけ》しい」とは、このような態度を説明する際の表現だ。

以上を確認してみても、韓国が「反日政策」を取っていることは明らかである。問題なのは、事実を事実として見つめることをできずに、韓国についていささかでも批判的見解を述べた人物の発言を封じてしまおうとする「リベラル」の姿勢ではないだろうか。

［初出］　日本の選択②　山梨大学長「韓国が異様な反日政策」発言は非常識なのか　批判的見解を封じる『リベラル』（『夕刊フジ』二〇一九年一月二十三日）

# 慰安婦問題と同じ構造のレーダー照射問題

## 事実を無視して嘘八百を吐き続ける韓国政府

韓国海軍の駆逐艦による、海上自衛隊Ｐ１哨戒機への火器管制用レーダー照射問題について、防衛省は海自哨戒機で記録された電波信号を変換した「探知音」と、本件に関する「最終見解」を発表した。最終見解には次のような趣旨の指摘がある。

韓国側に、相互主義に基づく客観的かつ中立的な事実認定に応じる姿勢が見られないため、レーダー照射の有無について、これ以上実務者協議を継続しても、真実の究明に至らないと考えられることから、本件事案に関する協議を韓国側と続けていくことはもはや困難であると判断いたします。

防衛省の見解は、あくまでレーダー照射問題に関するものだ。だが、「客観的かつ中立的事実認定に応じる姿勢が見られない」こと、いくら話し合いを継続しても「真実の究明に至らない」との指摘は、長年にわたる日韓問題の本質を鋭く突いているように思われてならない。

要するに、日本側が事実をいくら説明しても、韓国側はまったく聞く耳を持たずに、一方的に自分たちの事実に基づかない主張に終始するというパターンである。

日韓双方で見解の相違があるのは致し方ないとしても、互いに事実に基づいて歩み寄る姿勢がなければ話し合いは成立しない。事実すら無視して、自らの主張に固執し、他者を罵倒するような人間、国家とは話し合いが成立するはずもないのである。

ましてや、自らに非があるにもかかわらず、他者に謝罪を要求するなど論外といってよい。日韓においては、こうした不毛な話し合いが幾度となく繰り返されてきた。

例えば、慰安婦問題だ。吉田清治なる詐欺師が自らの戦争犯罪を告白するという形で、嘘に嘘を重ねたのは日韓双方にとっての不幸だった。そして、「朝日新聞」をはじめ、多くのマスメディアがこの詐欺話を事実であるかのように報道し続けたことは許されるべきではない。

この詐欺師による詐欺話は既に白日の下に暴かれ、日本軍による命令による「慰安婦狩り」などという実態はなかったことが明らかにされている。確かに、つらい思いをした女性が存在した事実は否定できない。その部分を否定するつもりなどない。だが、事実として日本軍による強制連行などという事実はなかった。

そのうえで、日本は和解への努力を重ねた。法的責任を取るだけでなく、道義的責任を果たそうとした。

ところが、そうした和解への歩み寄りを拒絶したのが韓国だった。自分たちの主張に固執し、日本との和解へと歩み出そうとした韓国人慰安婦に圧力をかけ、和解を妨害したのである。

事実を持ち出しても、説得に応じる気はなく、道義的に和解への歩み寄りを始めても、かたくなに拒絶し続ける。彼らが求めているのは「一方的な糾弾」であり、「際限のない謝罪の要求」だ。

まことに「厄介な隣国」というよりほかない。

［初出］日本の選択③ 事実を無視し自らの主張に固執する〝厄介な隣国〟許されない朝日の報道（『夕刊フジ』二〇一九年一月二十四日）

# 自分たちの非を絶対に認めない韓国

## 安倍総理に責任転嫁する非常識ぶり

韓国の与党「共に民主党」の議員であり、韓国国会の国防委員長を務める安圭伯《アンギュベク》氏が、レーダー照射問題について論じながら、次のような声明を発表した。

安倍晋三首相は事件の前面に出て、(日韓問題の)葛藤を助長している。(中略)内部の葛藤を外部に向けるため、壬辰倭乱《じんしんわらん》(=文禄《ぶんろく》・慶長《けいちょう》の役《えき》。一五九二～九三年)を起こした豊臣秀吉《とよとみひでよし》と重なってみえる。
(『朝日新聞デジタル』二〇一九年一月十八日)

安倍総理が日韓関係を悪化させた張本人であり、その意図は、内政での失敗を外部の問題へと転嫁しようとするところにあり、それは豊臣秀吉を髣髴させるというのだ。

笑止千万というよりほかない。

そもそも、今回のレーダー照射事件による日韓関係の緊張の高まりを、安倍総理個人に帰することには無理がある。まるで「韓国が一方的な被害者であり、日本こそが悪意のある加害者である」との論理は通用しないはずだ。事実を事実として認めようとしない韓国側の姿勢こそが最大の問題にほかならない。

呆れるというか、滑稽なのは、「内部の葛藤を外部に向ける」との主張だ。これはまさに韓国が実践していることではないか。

国内で求心力が維持できなくなると「反日」政策を打ち出し、何とか国内での求心力を維持しようとするのが歴代の韓国政権の特徴ではなかっただろうか。自分たちが隙あらば「内部の葛藤を外部に向ける」ことを目的としているからこそ、このような主張に至るのだろう。だが、日本は韓国とは異なっており、そうした論理によって動いていない。安氏の発言は、韓国政府の内在的論理を吐露したものと捉えるのが賢明だろう。

豊臣秀吉についても言及しておきたい。

確かに、朝鮮半島の人々にとって秀吉は侵略の象徴であるのかもしれない。それは否定しない。だが、日本人にとって秀吉は英雄である。拙著『人種差別から読み解く大東亜戦争』（彩図社、二〇一五年）で詳述したことだが、秀吉は日本人奴隷の存在を「許しがたい」と声を上げた為政者であり、「日本人奴隷解放の父」とでもいうべき一面がある。

信じがたいことだが、戦国時代、日本を訪れていたポルトガル人をはじめとする外国人たちは、日本人奴隷を購入し、海外に輸出していた。こうした奴隷売買は、「祖国、両親、子供、友人を剥奪」しており、これは「許すべからざる行為である」と宣教師を詰問したのが秀吉なのだ。

韓国から見れば秀吉は侵略者であろうとも、日本から見れば秀吉は英雄なのだ。伊藤博文《いとうひろぶみ》を暗殺した安重根《アンジュングン》は韓国で英雄とされるが、日本ではテロリストとされる。

両国が歴史認識を共通させようとする必要はない。ただ、互いの歴史認識の相違に、もう少し敏感であるべきではないか。

［初出］日本の選択④レーダー事件、最大の問題は韓国の「事実を事実として認めない姿勢」（『夕刊フジ』二〇一九年一月二十五日）

## 「約束を守らないのが朝鮮人の本質」と百年前に喝破していた福沢諭吉

### 事実をねじ曲げる韓国に媚を売る必要はない

韓国軍合同参謀本部は二十三日、自衛隊哨戒機が韓国海軍の艦艇に高度約六十～七十メートル、距離五百四十メートルの「近接威嚇飛行」を行ったと発表した。さらに十八、二十二日にも「威嚇飛行」を行ったと主張し、「明白な挑発行為だ」と非難した。これに対し、岩屋《いわや》毅《たけし》防衛相は韓国側の主張を完全否定し、自衛隊が国際法規、国内法に則って合法的に活動していたと指摘した。

またしても日本と韓国の主張が明らかに食い違っている。

だが、冷静に考えてみて、自衛隊哨戒機が韓国海軍に威嚇飛行する必要や意義がないのは明らかである。それでも韓国側の主張こそが正当だというのであれば、そうした証拠を出せばよいだけの話だ。根拠なく日本を攻撃するだけでは、いわれなき誹謗中傷というよりほかない。

事実を軽んずる韓国の姿勢を繰り返し見せつけられると、福沢諭吉の言葉を思い出さずにはいられない。

福沢は『脱亜論《だつあろん》』で中国、朝鮮を「悪友」とし、悪友と親しむ者も悪名を免れないとして、日本は亜細亜《アジア》と離れるべきだと説いた。福沢は当初から中国や朝鮮を軽蔑していたわけではない。むしろ、中国や朝鮮と連帯する可能性を模索していた思想家だった。

だが、福沢の希望はことごとく裏切られ、その結論として『脱亜論』に至るのである。福沢は自らが創刊した『時事新報』（一八九七年十月七日）において、痛切に朝鮮の不誠実を非難したことがある。

左《さ》れば斯《かか》る国人に対して如何《いか》なる約束を結ぶも、背信違約は彼等《かれら》の持前《もちまえ》（引用者注＝本来の性質）にして毫《ごう》（引用者注＝ほんの少し）も意に介することなし。（中略）朝鮮人を相手の約束ならば最初より無効のものと覚悟して、事実上に自ら実を収むるの外なきのみ。

背信違約こそが、朝鮮半島の人々の特徴であり、約束が約束として機能しないというのだ。一つの民族、国民をひとくくりにして論じているのだから、今で言えば「ヘイト・スピーチ」の類いといってもよい。確かに、韓国の中に誠実な人が一人もいないと断ずるのは大袈裟だろう。だが、一連の韓国政府、軍部の行動を見ていると、福沢ならずとも、彼らの誠意を疑わざるをえなくなってくる。

私は日韓がいがみ合っていることは、決して日本の国益にならないと考えている。できるのであれば、友好関係を維持すべきである。

だが、事実を曲げ、約束を違《たが》えるような韓国政府に、日本政府が媚を売る必要はまったくない。およそ日韓関係において、日本はあらゆる譲歩をしてきた。これ以上、譲るところは何もない。後は、かの国が成熟した民主主義国家へと変貌することを待ち望むだけである。

彼らが「千年の恨み」と繰り返すのであれば、向こう千年間、冷ややかに傍観し続けるくらいの余裕が日本には必要だろう。

［初出］　日本の選択⑤　韓国に〝譲歩〟し続けてきた日本、これ以上はダメだ　思い出す福沢諭吉の嘆き「背信違約が韓国の人々の特徴」（『夕刊フジ』二〇一九年一月二十八日）

# 朝鮮に気がねして西郷隆盛を貶めるな

## 内村鑑三が礼賛した豊臣秀吉と西郷隆盛

内村鑑三《うちむらかんぞう》の『代表的日本人』（岩波《いわなみ》文庫、一九九五年）は、日本史上の偉人を世界に紹介した名著として知られる。代表的日本人として内村が選んだのは、西郷隆盛《さいごうたかもり》、上杉鷹山《うえすぎようざん》、二宮尊徳《にのみやそんとく》、中江藤樹《なかえとうじゅ》、日蓮《にちれん》の五名である。代表的日本人の筆頭に置かれた西郷隆盛を扱った部分には面白い一節がある。

> もしわが国の歴史から、もっとも偉大な人物を二人あげるとするならば、私は、ためらわずに太閤《たいこう》と西郷との名をあげます。二人とも大陸方面に野望をもち、世界を活動の舞台とみていました。（四八頁）

太閤とは、言うまでもなく豊臣秀吉のことを指す。内村は豊臣秀吉と西郷隆盛こそが日本史上もっとも偉大な二人であったというのだ。私が大変興味深く思うのは、両者が共に「大陸方面に野望をもち」っていたことを含めて、内村が両者を偉大であると説いている点だ。

昨今では豊臣秀吉、西郷隆盛を語る際、どこかに贖罪《しょくざい》意識を持たねばならないという雰囲気がある。要するに、秀吉であれば朝鮮出兵、西郷であれば「征韓論」に関して「反省」の意識がなければならないとされている。そうした空気からまるで自由な内村の発想を興味深いと思うのだ。

西郷を称える内村の文章は熱烈な尊敬と愛情に満ちている。西郷がなければ明治維新はなしえなかったと説き、明治維新とは「西郷の革命であった」いう。そして西南戦争の中、城山《しろやま》で没した西郷は「最後のサムライ」であったとすら評している。西郷の後にサムライなしとは、最大限の賛辞といってよいのではないだろうか。

内村が西郷を尊敬してやまなかったのは、西郷の道義を重んずる態度に感銘を受けていたからであろう。

西郷に関する文章の最後は次のように締めくくられている。

西郷には、純粋の意志力との関係が深く、道徳的な偉大さがあります。それは最高の偉大さであります。西郷は、自国を健全な道徳的基盤のうえに築こうとし、その試みは一部成功をみたのであります。(四九頁)

内村が極めて道徳的であったと讃仰《さんぎょう》してやまない西郷だが、誰もが内村の如き評価を下しているわけではない。征韓論の主唱者であり、近代日本の大陸侵略の嚆矢となった軍国主義者とみなす人々も少なくない。彼らにとって、西郷とは非人道的な侵略者であり、西郷を道徳的であったとは決してみなさないだろう。

## 時代背景を無視した批判は無意味

西郷を道徳的であったとみなす内村は、この征韓論の問題を、どのように捉えていたのだろうか。

征韓論については諸説が存在しており、西郷には「征韓」の意図はなかったと西郷を擁護する人々も存在する。西郷は朝鮮を侵略する意図はなく、平和裏に国交を結べると考えていたのではないかと説くのだ。こうした立場に立てば、西郷は侵略戦争を鼓吹した野蛮な人物ではなく、道徳的に指弾する必要はなくなる。だが、内村はこうした立場には立たない。

内村の「征韓論」に関する議論は次のようなものだ。

日本から派遣した使者に対して、朝鮮は無礼な態度を取った。さらに、朝鮮に住む日本国民に対して敵意を向け、日本の名誉を傷つけるような布告を発した。西郷は、朝鮮が無礼な態度を取っただけで戦争を仕掛けろと主張したのではない。いきなり武力を行使するのではなく、少数の使節を派遣し、無礼に対する責任を問うべきと説いたのだ。そして、仮に新しい使節団に対して侮辱を加えたり、身体を傷つけたりした場合には、軍隊を派遣し、征服せよと主張した。さらに、その危険を伴う使者は西郷自身が引き受けたいと申し出たのである。

内村の説明する征韓論の細部に誤りがあるのか否かをここで問うつもりはない。ここでは内村が「西郷が場合によっては朝鮮を征服せよ」と主張したことを十分に認識したうえで、西郷を尊崇していることを確認しておきたい。

さらに内村は、西郷が唱えた「征韓論」が退けられたことを悔やむかのように次のように述べている。

> 岩倉《いわくら》（引用者注＝具視《ともみ》）とその一派「内治派《ないちは》」の思惑どおり、国はいわゆる文明開化一色となりました。それとともに、真のサムライの嘆く状況、すなわち、手のつけられない柔弱《にゅうじゃく》、優柔不断、明らかな正義をも犠牲にして恥じない平和への執着、などがもたらされました。（三二頁）

現在の我々の感覚とはまったく異なる価値観がここに表明されているといってよいだろう。「正義をも犠牲にして恥じない平和への執着」は、けしからぬことだと説く内村は、平和を何よりも重んずべきだと主張する戦後日本の風潮とはまるで異なる価値観を有していた。

誤解されたくないので強調しておくが、現在において、正義を貫徹するために速やかに戦争を遂行せよなどと主張するつもりはない。ただ、価値観は時代によって大いに変化するものであり、その当時の価値観を無視して現在の価値観を押しつけて歴史を解釈してみても始まらないということを指摘したいのだ。

西郷は「征韓論」を唱えた人間だから悪人であった。

西郷は実際には武力で朝鮮半島を支配する意図を持っていなかったので善人であった。

どちらも、「武力を行使して他国を侵略することは悪である」との価値観から歴史を裁こうとする態度であるという点に径庭《けいてい》はない。どちらの評価もあまりに馬鹿馬鹿しい評価なのだ。

もちろん、ナチス・ドイツのジェノサイド、ソ連におけるウクライナ飢饉《ききん》の問題など、いかなる時代においても許されざる蛮行というものが存在することも事実だ。こうした大量虐殺を時代の趨勢《すうせい》の結果とすることがあってはならないのは当然のことだ。

我々が歴史を振り返る際、重要なのは歴史を裁くことではなく、先人たちの胸中を去来した思いを想像してみることだ。

なぜ、西郷隆盛は征韓論を唱えたのか。

なぜ、西郷隆盛は政府を去ったのか。

なぜ、西郷隆盛は挙兵し、城山に散ったのか。

単純な善悪二元論に陥るのではなく、史料を元に想像してみることこそが歴史を学ぶということだろう。

［初出］　西郷隆盛「征韓論」を善悪二元論で語ってどうする（『iRONNA』二〇一八年十二月十七日）

## 国際政治の常識が通用しないトランプ氏と鳩山由紀夫氏

### 側近から「小学生レベルの理解力」と酷評

「人種差別主義者で、詐欺師で、ペテン師だ」

十年以上にわたって顧問弁護士を務めた元側近、マイケル・コーエン氏が二月二十七日、米議会下院の公聴会でドナルド・トランプ大統領を慢罵した。全米にテレビ中継される中、ここまで激しい非難を受けた大統領は珍しい。いわゆる「ロシア疑惑」だけでなく、不倫相手に口止め料を支払ったことや自身の学業成績の開示を阻止するために出身校に圧力をかけていたことまで暴露された。私は政治家が必ずしも品行方正であるべきだとは考えていないが、元側近にここまで非難される人物が超大国アメリカの指導者であることに危うさを感じざるをえない。

トランプ大統領に関する書籍は多いが、白眉というべきはボブ・ウッドワードの『FEAR 恐怖の男』（日本経済新聞出版社、二〇一八年）だろう。トランプ政権の内部事情を知る人物しか知り得ない情報が満載されており、アメリカ政治、トランプ政治を知るための最良の一冊となっている。

同盟国の重要性を説くジェームズ・マティス国防長官に対して、トランプ大統領が繰り返すのは、経済的な損得勘定の話だけだ。アメリカの資金を注ぎ込んでも、見返りが乏しいというのだ。確かに、世界中に軍事的な拠点を築くことには膨大な費用がかかるし、具体的な成果は目に見えにくい。だが、アメリカの強大な軍事力と強固な同盟関係が存在するおかげで世界秩序、平和が保たれているというのが現実だ。平和や秩序は無料で与えられるものではなく、努力と費用によって維持されるものだ。この国際政治の常識がトランプ大統領には欠如している。

トランプ大統領はしばしば経営者としてのビジネス感覚の重要性を指摘するが、政治は必ずしも経営と同列に論じるべき現象ではない。ビジネスの世界では、国家の秩序が保たれ、違法行為に関しては司法が裁くのが当然だ。だが、国際政治において違法行為を取り締まる機関は存在しない。秩序を保つためには力が必要不可欠な世界なのだ。マティス国防長官は「大統領はまるで小学五、六年生のように振る舞い、理解力もその程度しかない」と酷評した。

## 普天間基地移設問題をこじらせた張本人

公聴会で罵倒されたわけではないが、ワシントン・ポストに「ルーピー（クルクルパー）」とこき下ろされた日本の政治家がいた。鳩山由紀夫元総理である。「宇宙人」とも評された鳩山氏は総理大臣を辞した後も、奇想天外な行動を取り続けている。北海道で地震が起こると、その原因をＣＣＳと断じ、北海道警察から「流言飛語」「デマ」と認定された。

CCSとは、二酸化炭素（$CO_2$）の量を減らすために$CO_2$を地中深くに閉じ込める技術を指すが、地震との因果関係は明らかではない。言論は自由だろうが、総理大臣を務めた人物が災害後の混乱時に警察に「デマ」と認定されるような発言をするのはまともなことではない。

鳩山氏が「ルーピー」と評されたのは、沖縄の普天間基地の移設問題で大混乱を引き起こした張本人だったからだ。「ルーピー」と罵倒されたことだけでも強烈だが、その後には次のような批判までなされていた。

「おお、由紀夫よ。あなたの国は同盟国だったのではないですか、覚えていますか。アメリカの核の傘で何十億ドルも節約できているのに？　それでもトヨタとか買えと言うんですか？」

日本だけでなくアメリカからも非難された鳩山氏は、結局、普天間基地の移設先を辺野古にすることを閣議決定し、閣議決定への署名を拒否した福島瑞穂《ふくしまみずほ》少子化・消費者問題担当大臣を罷免した。現実的な解決策は辺野古移設しかないと判断したのだ。ところが、辺野古移設を問う沖縄県の住民投票の結果を受けて、ツイッターで次のように呟いた。

沖縄県民投票は辺野古ノーが7割を超え、県知事が結果を尊重する義務が生じる有権者の4分の1も超えて安堵した。県民の意思ははっきり示された。安倍首相、普天間の移設を早めるために、2兆5千億とあと13年もかかる辺野古は諦めて、別の解決を求めるべきだ。それが沖縄県民の強い意思である。

（二〇一九年二月二十四日）

一体、自分が下した決断は何であったのか、沖縄の基地問題をこれほど複雑にしてしまったのは誰なのかを考え直した方がいい。一国の総理大臣として最高の責任者であったのは、ほかの誰でもない、鳩山由紀夫氏なのだ。人ごとのように安倍政権を批判するのは無責任の極みとしか評せない。日本国民の一人として、我が国の総理大臣が「ルーピー」などと外国人に揶揄されることは耐えがたい恥辱だが、「ルーピー」という表現が最も適切な表現だったのではないかと思えてくる。

## トランプ氏よりもひどかった鳩山由紀夫氏の外交力

攻撃的なトランプ大統領と上品なお坊ちゃんといった雰囲気の鳩山元総理では、正反対の政治家のように思われるが、よく考えてみると共通点もある。発言がコロコロ変わって、一貫性がないこと、常識が欠落していること、そして極端に低い理解力だ。かねて私はトランプ大統領とは、「強面《こわもて》の鳩山由紀夫」ではないかと危惧していた。

トランプ大統領に関して一番恐れていたのは北朝鮮外交である。したたかな金正恩氏に籠絡されてしまう事態を恐れていた。小さな成功を大きな成功と自画自賛し、結果として北朝鮮の核保有を認めてしまうのではないかと不安を感じていた。

だが、今回の米朝首脳会談で日本にとって最悪のシナリオは回避された。経済制裁の解除を求める北朝鮮の金正恩委員長に対して、全面的な非核化を求めて一歩も譲らなかったトランプ外交は評価されるべきだ。

核開発の主力拠点とされる寧辺《ニョンビョン》の核施設の廃棄のみを主張した正恩氏は、核兵器を放棄する意思など持ち合わせていない。あくまで非核化に向けた姿勢を示し、経済制裁の緩和を引き出すのが狙いだった。トランプ大統領を正面から批判する元側近の議会証言で民主党が批判を強めている最中、外交で大きな成果を見せつけたいという欲求があったのは事実だろう。

だが、そうした目先の判断ではなく、トランプ大統領は極めて現実的な判断を下した。「交渉で席を立つことを恐れてはいけない」との信条を持つトランプ大統領は「強面の鳩山由紀夫」ではなかったということだろう。「人種差別主義者で、詐欺師で、ペテン師だ」という元側近の批判が、どこまで正当な批判なのか私は判断する立場にないが、少なくともトランプ大統領は「ルーピー」ではなかった。稀《まれ》に見る「ルーピー」が日本で総理大臣を務めた期間とは、「悪夢のような」日々だった。

〔初出〕　トランプ米大統領と鳩山元総理（『週刊正論 Premium』「岩田温の『稽古照今』」〈二〇一九年三月六日〉）

# 第七章

# 「イデオロギー」という名の偽善を斬る

# 「反知性主義」を誤用する人たち

## 「反知性主義」＝「無知」ではない

最近、「反知性主義」という言葉を目にしたり、耳にしたりする機会が多くなった。よく読んでみると、この「反知性主義」という表現は「馬鹿」や「無知」の言い換えにすぎない場合が多い。

要するに、「あの人は馬鹿だ」「あの政治家は無知だ」というのではあまりに品がないから、「あの人は反知性主義的だ」などと表現することが多い。確かに「馬鹿」と罵るよりも「反知性主義だ」と批判した方が上品そうに感じる。

しかし、本来、「反知性主義」とは、独特の意味合いを持つ言葉であり、ただの「馬鹿」や「無知」とは異なる概念だ。

この独特な意味を持つ「反知性主義」をわかりやすく解説したのが、森本《もりもと》あんり氏の『反知性主義』（新潮選書、二〇一五年）だ。

残念ながら、有識者とされる人々が某誌で「反知性主義に陥らないための必読書」などというタイトルで様々な本を列挙していたが、言葉の本来の意味を意識しながら必読書を推薦していた人は、ごく少数にとどまっていたように思われる。「反知性主義」をただの「馬鹿」や「無知」とのみ認識している人があまりに多い。

　森本氏に従えば、「反知性主義」という言葉は、一九五二年の大統領選挙の際に誕生した言葉だという。共和党の候補者がドワライト・D・アイゼンハワー、民主党の候補者がアドレー・スティーブンソン。スティーブンソンはプリンストン大学出身の俊英であった。これに対してアイゼンハワーはノルマンディー作戦を指揮した将軍として名を馳せた人物ではあったが、知的には凡庸とみなされていた。

　結局、この大統領選挙は、知的に凡庸とされたアイゼンハワーの圧勝に終わる。アメリカ国民は知的に優れたスティーブンソンより、アイゼンハワーを選んだのだ。

　何だ、そういうことなら、日本でもあるではないか、と思われた方もおられるだろう。

　例えば、戦後の日本で圧倒的に人気のある総理大臣は田中角栄だ。彼は小学校しか出ていないにもかかわらず総理大臣にまで上りつめ、「今太閤《いまたいこう》」とも呼ばれた。「金権政治の権化」のように批判されることも多いが、現在に至るまで「田中角栄が好きだ」と公言する人は多い。逆にインテリ、秀才と目された宮沢喜一《みやざわきいち》のことを好きだという人は少ないだろう。語学に堪能なインテリ政治家、宮沢喜一は日本国の大衆の心をつかむことはできなかった。田中角栄には人間としての温かみを感じるが、宮沢喜一からは冷たい雰囲気しか伝わってこないと、多くの日本国民は感じていた。

## 「反知性主義」はもともと宗教的概念

従って政治家が知性のみで選ばれない、という現象は、アメリカ独自の現象ではない。民主主義社会において、政治家を選ぶ基準は「知性」のみではない。これは当然の話で、知性のみで政治家が選ばれるのならば、選挙ではなく、試験を課せばいいということになるだろう。

アメリカの「反知性主義」の特徴は、それが宗教的な概念であるということだろう。「キリスト教」と一口に言っても、その教えは様々だ。カトリックとプロテスタントという区分くらいは多くの日本国民に知られているが、その中にも様々な教えが存在している。「反知性主義」の根底に存在するのは、神の前ではすべての人々が平等であり、知性の有無によって人間の価値は変わらないという強い信念だ。

アメリカでは当初、牧師になるのは教養溢《あふ》れるインテリというふうに相場が決まっていた。大学でキリスト教神学を専門的に学んだインテリたちが牧師となった。ハーバード大学などの名門校出身のインテリが牧師となって、人々に説教をした。従って、教会では大衆には理解するのが難解な説教が行われていた。

こうした「知的な宗教」に反旗を翻す「信仰復興運動」こそが、アメリカの「反知性主義」の原点なのだ。

自分たちの信仰は、本物といえるのだろうか。

そういう素朴な疑問に多くの人が陥り、宗教的関心が一気に高まる現象がアメリカでは起こる。この際に登場するのが、極めて雄弁で反権威的な宗教者だ。人々の心を鷲《わし》づかみにし、従来の権威を否定する。神は知性の有無によって人間を区別しない。ただ、純然たる信仰のみが人間を救う。これが彼らの信仰の核心だ。

彼らは多くの牧師たちが行ったような難解な説教はしない。誰にでもわかりやすい説教を行う。洋の東西を問わず、大衆はわかりやすい表現を好む。多くの人々が熱狂的に、素朴な信仰を尊ぶようになる。

神の前では知性の有無は無関係であり、ただ信仰が重要である。

こうした信念こそが「反知性主義」の原点なのであり、それは単純な「馬鹿」や「無知」とは異なる概念なのだ。

日本において「反知性主義」を「馬鹿」や「無知」の言い換えとして理解していても無害だろうが、今でもアメリカを動かし続ける「反知性主義」をそのようなものとして認識するのは誤りだ。

森本氏の著作を一読することを強くおすすめしたい。

〔初出〕　宗教的情熱こそが「反知性主義」の原点である（『iRONNA』二〇一五年八月十日）

## ナチスを髣髴させる障害者差別発言の教育委員

### 障害者は生まれる権利すらもないのか

これは問題発言だろう。茨城県教育委員会の長谷川智恵子《はせがわちえこ》氏の発言だ。障害を持った子供が生まれてくる前に、事前に中絶、要するに殺してしまえという発言だ。中絶は殺人なのかという問題は重要な問題で、今、考察を深めている最中だから、ここでは詳しく論じない。だが、この発言は看過できない。

「妊娠初期にもっと（障がいの有無が）わかるようにできないのか。（教職員も）すごい人数が従事しており、大変な予算だろうと思う」

「意識改革しないと。技術で（障がいの有無が）わかれば一番いい。生まれてきてからじゃ本当に大変」

「茨城県では減らしていける方向になったらいい」

金のかかる障害者は存在そのものが負担だ。だから、茨城県ではこういう人が減ればいい。生まれてきてからでは「処分」ができないから、生まれる前に「処分」をしてしまえ、ということだ。

恐ろしい発言だ。よく、リベラルの人々が他人を「ナチス」呼ばわりするが、この人物こそ、まさにナチス的な発想に基づいた危険思想の持ち主だろう。

この問題は拙著『逆説の政治哲学』（ベスト新書、二〇一一年）で論じたから、詳しくはそちらをご覧いただきたい。

障害者殺害作戦は本部がティーアガルテン通り四番地に置かれたことから、T4作戦と名づけられた。全国の病院にリストを提出させ、「生きている価値のない人間」を国家が決定し、ガス室で殺戮した。無邪気な子供たちにも例外はなく、「灰色のトラック」が全国の病院を回り、「生きる価値のない人々」を無慈悲に連れ出し、殺戮した。

私が最も衝撃を受けたのは、一枚の写真に付されたコメントだ。車椅子に乗った障害者と一人の健康的でハンサムな青年が写っている写真だ。

この写真自体は、別に驚くような写真ではない。だが、そこに付された言葉が衝撃的なのだ。

この立派な人間が、こんな、われわれの社会を脅かす気違いの世話に専念している。われわれはこの図を恥ずべきではないか。

恥ずべきなのは、こうした言葉を平然と使う側の人間であって、障害者に罪はない。

ナチスとは本当に恥ずべき存在だったのだが、現在の日本でもナチスを髣髴させるような発言を平然とする人間が「教育委員」として堂々としている。過去への反省を言うならば、こうした問題発言を許容すべきではないだろう。

個人的な話で恐縮だが、障害者の問題は、幼い頃からよく考えていた。私の叔父には重度の障害がある。自分で話すことも、歩くことも、食べることもできない。幼い頃、疑問だった。何が楽しいのだろう？　生きていて苦痛だけがあるのではないか？　本当に幼い頃、いろいろ考えた。

自分は将来、高校、大学に進み、友人と遊び、綺麗《きれい》な女の子と恋愛し、いずれは結婚するだろう。美味《おい》しいものも食べるだろうし、美しい場所にも訪れるだろう。

だが、叔父は自分の意思で何もできない。幼い子供には、周りに世話ばかりかける存在としか思えなかった。

いっそのこと死んでしまった方が本人も楽なのではないか？

今考えると非常に残酷だった。この残酷な思想に基づいて、障害者を次々に抹殺したのがナチスだ。

今思えば、叔父の存在があるから、家族が一つになれている部分が大きい。叔父は家族に世話になることによって、家族を家族たらしめている。平和で豊かな日本だから、そう悠長なことを言っていられると思うかもしれないが、それこそが日本のよさではないだろうか。
在日朝鮮人でも、障害者でも、ＬＧＢＴでも、どんなマイノリティであれ、縁あってこの世に生を受け、日本に育ったわけだ。当然、生きる権利があるし、幸せになる義務がある。存在そのものが否定されてよいはずがない。すべての人が輝く日本こそが、私の誇る日本だ。決してナチスのように「生きる価値」を国家が決めるような国家であってほしくない。

〔初出〕　ナチスを思わせる教育委員の発言、障害者は生まれてはいけないのか（『岩田温の備忘録』二〇一五年十一月二十日）

# 「女性に数学は不要」と露骨な女性蔑視の鹿児島県知事

## 「実社会で使わないからやる必要がない」は暴論

ツイッターでたまたま目にしたのだが、本日の『南日本新聞《みなみにっぽん》』の記事に驚いた。鹿児島県の伊藤祐一郎《いとうゆういちろう》知事が次のように発言したという。

「女の子にサイン、コサイン、タンジェントを教えて何になるのか」

「サイン、コサイン、タンジェントを社会で使ったことがあるか女性に問うと、十分の九は使ったことがないと答える」

これほど露骨な女性蔑視はないだろう。

私の知人に女性で優秀な数学の研究者がいるが、仮に日本社会が女性は数学を学ぶ必要がないという愚かな偏見を教育の世界に持ち込んでいたならば、彼女は研究者になれなかったであろうし、彼女がなした研究業績は存在しなかったことになっただろう。日本だけでなく、世界にとって損な話だし、何よりもその女性が研究者として輝くことができなかったという時点で残酷な話だ。

何を学ぶのかを性別で区別するというのは、極めて愚かな発想だ。

「古来、それが日本の伝統だ！」と息巻く人もいるのかもしれないが、そんなことを言っていたら、「商人の子に学問は要らない」という愚かな偏見にも与《くみ》さなければならなくなる。馬鹿げた因習や偏見に囚われることが保守思想なのではない。

そもそもこの知事は学問の意味をわかっていない。女性であろうが、男性であろうが、実社会において「サイン、コサイン、タンジェント」を使っている人は多くない。

別にこれは数学の分野に限られた話ではない。

オランダの哲学者、バールーフ・デ・スピノザの汎神論、江戸時代の寛政《かんせい》の改革、ミラノ勅令、化学記号、ルードヴィヒ・ヴァン・ベートーベンの音楽等々、別に何も知らなくても実社会で生きていくうえでまったく困らないだろう。

実際、この知事とて、知事としてサイン、コサイン、タンジェントを必要としたことなどないだろう。

当然の話だが、スピノザの汎神論を「社会で使ったことがある」などという人は、研究者を除いてまず存在しないだろう。

だが、学問とはそういうものなのだ。そのほとんどが実社会でそのまま役立つものではないのだ。
「だから、意味がない」と考えるのは人それぞれだから別に結構だが、少なくとも私はそう思わない。なぜなら、人は生きるだけではなく、「善く生きる」ことを目標とすべきだ、と思うからだ。

ほとんどの読書経験も、ハウツー本や観光案内の類いの本を除けば、人生にとって直接は役に立たない。

私はフョードル・ドストエフスキーの『悪霊』『カラマーゾフの兄弟』が好きだが、別に実生活に役立ってはいない。しかし、この読書経験が、私という人間の形成に何らかの形で寄与していることは否定できない。おそらく、こうした読書経験がなければ、今の私は存在しない。優れた絵画を見て感動したり、美しい音楽に心を動かされたりする経験も同じだ。

人は実社会で役に立つためだけに生きているわけではない。自分の可能性を探すために、若い頃に幅広い分野を学んでおくことは有益だ。ここに男女の区別は存在しない。

思うことを素直に言わせてもらうなら、「女性に数学は要らない」などといっている知事こそが要らないのだ。

［初出］女性に数学は不要？　鹿児島県知事の女性蔑視、学問蔑視発言に思う。（『岩田温の備忘録』二〇一五年八月二十八日）

## 国連に対する日本政府の抗議をなぜか糾弾する共産党議員

### 国連ではなく日本政府を追及する共産党議員

先日、驚き、かつ、呆れた事件があった。国連「子どもの売買、児童売春、児童ポルノ」特別報告者のマオド・ド・ブーア＝ブキッキオ氏に関する件だ。

日本の人権状況について調査がなされることに関しては、まったく問題はない。我々が見過ごしているような人権が蹂躙されている状況があるのであれば、それは是正されるべきであろう。こんなことに目くじらを立てる人はいないはずだ。

だが、調査や提言である以上、事実に基づいたものでなければならないのは当然だろう。捏造された数字に基づいた虚構を「是正」することは不可能だからだ。

日本中に衝撃が走ったのは、ブーア＝ブキッキオ氏が「日本の女子学生の三〇パーセントが援助交際をしている」と発言していたと報道されたからだ。これでは、およそ女子学生の三人に一人が「売春」しているということになり、この問題こそ日本が取り組むべき喫緊の課題という話になるだろう。

だが、常識的に考えて、この数字は異常だ。実際に確認を求めたところ、三〇パーセントは誤訳で、一三パーセントだったという。だが、これでも異常に高い数字だ。そもそも、いかなる調査に基づいた数字なのかが明らかではない。

こうした事態を受けて外務省が動いた。国連人権高等弁務官事務所（OHCHR）に抗議し、発言撤回を求めたのだ。その結果、十一月十一日に特別報告者であるブーア＝ブキッキオ氏から「一三パーセントという数値を裏づける公的かつ最近のデータはなく、誤解を招くものだったとの結論に至った」という趣旨の書簡が日本政府に届いたという。

ああ、誤解が解けてよかった、と多くの日本国民は思ったはずだ。

だが、こうした日本政府、外務省の功績に関して、何がなんでも批判しないと気が済まないという変わった政治家がいた。

日本共産党のさいとう和子《かずこ》議員（当時）だ。さいとう議員は、日本政府が国連に抗議したとの報道を引用しながら、次のように呟いている。

撤回を求めるなら日本政府がきちんと調査すべきです。実態をきちんと明らかにする責任は日本政府にあると思うのです。

（ツイッター、二〇一五年十一月十日）

これはおかしい。確かに日本政府が調査すべき問題なのかもしれないが、今回問題となっているのは、まったく事実に基づかない数字が一人歩きしないための措置であって、一刻を争う問題のはずだ。事実に基づかない誤った報告を国際社会が事実であると受け止められてしまってはならない。だから、政府は即座に対応したのだ。

日本の女性の名誉を守るための行為ですら糾弾する。これは、おかしな行為と言わざるをえない。

プロフィールを見ると次のように書かれている。

憲法9条をこよなく愛し、人を殺すことを正当化する戦争をする意味がわからない。

多くの国民は戦争を望まない。だが、平和を愛するだけでは戦争を防げない。異常な軍拡を続ける中国に対して抗議するのなら理解できるが、いつでも日本政府を糾弾し、中国政府のチベット侵攻等々、南シナ海における力による国境変更には口を噤《つぐ》む。チベットの人々は平和を望んでいたが、十分な安全保障体制が構築できていたなかったため、侵攻され、平和は蹂躙された。

いつでも日本政府を糾弾すればよいというものではない。今回の国連に対する抗議は政府の功績であって、多くの日本国民はこうした抗議を支持するだろう。

［初出］日本女性の名誉を守る正当な抗議を非難する不思議な共産党議員（『岩田温の備忘録』二〇一五年十一月十二日）

# 人権を錦の御旗に皇室廃絶をたくらむ学者たち

## 「生前退位」というおかしな言葉

突如なされた天皇陛下の「生前退位」に関する報道に、私は違和感を覚えていた。そもそも「生前退位」などという言葉がおかしな言葉であり、「譲位」という言葉の方が適切なはずだ。なぜ、このような不思議な言葉が突如使われたのか、極めて疑問だった。また、仮に天皇陛下の体調がお悪いのであれば、「生前退位」だの「譲位」という形ではなく、摂政《せっしょう》を置けばよいのではないか、とも漠然と考えていた。

何よりも、突如なされた「生前退位」に関する報道が真実か否かがわからなかった。本当にこの報道が真実で、天皇陛下が「譲位」のご意向だとするならば、それはなぜなのか。とりあえず何もわからないままに憶測だけで何かを論評することだけは避けようと考えていた。それゆえに、天皇陛下のお気持ちを直接拝聴できるという八月八日は朝から緊張していた。

午後三時、天皇陛下のお言葉を拝聴し、文字通り涙が流れた。本当に国民の幸せを祈り、国民とともに歩まれてきたことを改めて確認すると、自然と涙が溢れた。とりわけ次のお言葉に涙してしまった。

皇太子の時代も含め、これまで私が皇后と共に行って来たほぼ全国に及ぶ旅は、国内のどこにおいても、その地域を愛し、その共同体を地道に支える市井の人々のあることを私に認識させ、私がこの認識をもって、天皇として大切な、国民を思い、国民のために祈るという務めを、人々への深い信頼と敬愛をもってなし得たことは、幸せなことでした。

名もなく暮らし、地域を支える市井の人々へのご配慮。ここまで一人ひとりの国民を思う君主が他の国に存在したのだろうか。大変ありがたいことだ。日本に生まれてよかった、と改めて思った。天皇陛下のお言葉を賜り、私自身は自らの不明を恥じるばかりだった。安易に「摂政」を置けばよいという考えが、陛下が実践してきた「象徴天皇」像からかけ離れていたことに思いが至らなかった。

天皇陛下は「国民の安寧と幸せを祈る」ことをご自身のお務めとされ、同時に「時として人々の傍らに立ち、その声に耳を傾け、思いに寄り添うこと」も重んじてこられた。東日本大震災という大災害時、被災地の人々は、天皇陛下のお見舞いにどれほど励まされてきたことかに思いを致せば、国民と共に歩んでくださる天皇陛下のありがたさが容易に理解できよう。災害の衝撃から茫然自失《ぼうぜんじしつ》とし、生きる望みすら失いかけていた被災者が数多く存在した。真心から被災者を慈しんでくださった天皇陛下の励ましのおかげで立ち直った人も多いと仄聞《そくぶん》する。

天皇陛下は高齢化に伴い、「国事行為や、その象徴としての行為を限りなく縮小していくことには、無理があろうと思われます」とし、あくまで象徴としての天皇陛下が国事行為、象徴としての行為をすべきであろうとご指摘されておられる。日本の中で、天皇陛下ほど象徴としての天皇としてのなすべき事柄を考え続けた方はありえない。国民は、謙虚に天皇陛下のお気持ちに応えていく義務があろう。

## 「皇族にも人権を認めろ」と批判する皇室廃絶論者たち

だが、直ちに譲位を決定するために皇室典範を改正すれば、それですべてが解決するというわけではないことも、あえて指摘しておかねばならない。明治時代に旧・皇室典範が制定された際、その第十条で「天皇崩スルトキハ皇嗣即チ践祚《せんそ》シ祖宗ノ神器ヲ承《う》ク」と定められ、譲位はできぬものとされていた。伊藤博文の『帝国憲法皇室典範義解』によれば、この理由は次の通りである。

そもそも神武《じんむ》天皇から舒明《じょめい》天皇にいたるまで譲位の伝統はなかった。そして譲位がなされるようになってから「権臣」が強迫によって「譲位」を利用し、後に南北朝の乱のような事態に立ち至った。従って「譲位」が制度的に不可能であれば、「権臣」たちが天皇を強迫し、利用することも不可能になるだろう、ということだ。「象徴天皇」を政治利用しようとする勢力が存在するか否かは直ちに想像できないが、こうした事態を未然に防ぐための準備が必要なのは間違いなかろう。
また、もう一つ重要な問題がある。天皇陛下の譲位の問題を奇貨として、奇妙な皇室廃絶論が盛り上がっていくことへの懸念である。具体的には日本国憲法下で認められている人権が皇族に認められていないという非難である。例えば、憲法学者の奥平康弘《おくだいらやすひろ》氏は次のようにいう。

私は「退位の不自由」（および「身分離脱の不自由」）にかぎっては、権利保障体系にもとづいて、窮極の「人権」が語られるべきだと思う。ある制度（生活環境・身分など）のために、本来ふつうの人間すべてに保障されているはずの権利・自由が構造的に奪われているばあいには、なんぴとともその制度の枠組みから逃れ、ふつうの人になる「脱出の権利」（right to exit）があるべきである。

（『「萬世一系《ばんせいいっけい》」の研究』岩波書店、二〇〇五年、三八〇頁）

また社会学者の橋爪大三郎《はしづめだいさぶろう》氏も次のように説いている。

ひとり天皇家に不自由を強いて、自分たちはこのままでいいという国民の態度は、虫がよすぎるし無責任である。そもそも象徴天皇をいただいた民主主義は、偽りの民主主義にすぎない。

（「日本人のアイデンティティを体現してきた天皇制が直面する『構造的見直し』」『SAPIO』二〇〇一年十二月二十六日・〇二年一月九日合併号、一一六頁）

天皇陛下のお気持ちを国民の一人として真摯に受け止め、高齢社会における象徴天皇はいかにあるべきかの議論をなすべきだと痛切に感じる。その一方で、ご皇室の存在が民主主義とは両立しないと考える人々が「退位」について「人権」の観点から言及してきた事実からも目を背けるべきではない。現代にふさわしい、そして、将来にふさわしいご皇室のあり方とは、いかなるあり方なのか。我々は真剣に討議すべきであろう。

〔初出〕　陛下のご意向を機に天皇の「人権」まで語り出す奇妙な皇室廃絶論（『iRONNA』二〇一六年八月十四日）

## 小さな「正義」が跋扈する不寛容な現代社会

### 「正義」と「不正義」

「苛政は虎よりも猛《たけ》し」。苛政がもたらす害悪は一匹の虎がもたらす害悪とは比較にならないという『礼記《らいき》』に記された孔子《こうし》の言葉だ。確かに人類の歴史を振り返ってみれば、苛政によって夥《おびただ》しい人々の生命が奪われている。ヒトラー率いるナチス・ドイツ、ヨシフ・スターリンに支配されたソ連、文化大革命時代の中国。これらの国々では数百万、数千万の無辜の人々が虐殺されており、これらの犠牲者と、虎に食われた被害者の人数を比較すること自体が馬鹿げている。

古代ギリシャの哲学者アリストテレスが指摘したように、政治とは極めて人間的な営みである。アリストテレスに従えば、人間とは神と動物との間の一種の「中間的存在」にほかならない。なぜなら、過ちを犯す人間は、絶対的に正しい神の存在にはなりえないし、正しく生きたいとすら願うことがない動物でもありえないからだ。

人間は正しく、善く生きようと願うが、悲しいことに時に道を踏み外す。自らの生涯において一度たりとも過ちを犯したことがない人間は存在しない。逆に、芥川龍之介《あくたがわりゅうのすけ》が『蜘蛛《くも》の糸』

で描いたようにカンダタのような極悪人であってすら、まったくの悪の存在にはなり切れず蜘蛛の命を救うという小さな善を行っている。まったくの善、まったくの悪でもなく、善と悪との間を生涯にわたって揺れ動くのが「中間的存在」である人間の宿命なのである。

正しく生きたいと願う人間は、「正義」の観念を生み出す。多くの場合、正義の観念は、正義そのものとして生じるのではなく、不条理を実感した際に生じてくる。すなわち、自分自身が公正に扱われていないと感じた瞬間、人はそこに「不正義」を見出し、憤る。目前の不条理を正すことが正義であると感じるのだ。不思議な正義への感覚と言ってよいだろう。

## 「正義」が虐殺を引き起こす

しかし、正義は唯一無二のものではなく、相反する複数の正義が同時に共存している。ある人物にとっては紛れもなく自明の正義が、他の人にとっては、非現実的な空想にすぎないこともあろう。また、到底実現できない正義を追求すること自体が不正義だと考える人も存在するだろう。

それぞれの人々がそれぞれの正義を主張するとき、政治が生ずる。妥協、排除、暴力の行使等々あらゆる手段を講じて、自らの正義を実現しようと試みるのが政治という営みにほかならない。正義の存在をまったく信じなければ、人々は力こそがすべてであるとするニヒリズムに陥るよりほかかない。たとえ、現時点における力はなくとも、自分自身の正義を信じてこそ、政治が成立するのだ。
しかし、正義は時に残酷だ。正義が人々を殺戮する根拠になるのである。地上で起こるすべての不条理の原因を特定の階層、民族、集団に押しつけ、そうした人々を攻撃、殲滅《せんめつ》することこそが正義であると主張がなされるとき、人間は人間に対する悪魔になる。集団的狂気の中で人間性は鈍磨し、平和な時代であれば平凡な善人にすぎない人物が、信じがたい大量虐殺に手を染める。
スターリン時代を描いた作家のワシーリー・グロスマンは、ウクライナの富農撲滅運動に参加していたという女性に次のように語らせている。

……そしてわたしは魔法にかかりだしました。すべてがこう見えるのです。あらゆる災厄の源は富農にある。もし直ちに富農が撲滅されれば、農民にとって幸せな時代がやってくる。同情なんてとてもできない。彼らは人間ではない。なにか分らない生き物だ。

（ワシーリー・グロスマン『万物は流転する』みすず書房、二〇一三年、一五三頁）

自分たちが正義を体現していると主張する人々は、自分たちの敵対者を「人間ではない」存在だとみなすという特徴がある。これはロシアにおける富農撲滅運動に固有の現象ではなく、あらゆる虐殺に付随する現象だといってよいだろう。ナチスではユダヤ人が非人間化されて扱われていたし、ルワンダにおける虐殺の際にも、虐殺されたツチ族はゴキブリ扱いされていた。

たとえ犯罪者であろうとも、同じ人間を殺戮することには躊躇する人が多いだろう。こうしたとき、「人間ではない」という非人間化の言葉が、魔法の言葉のように機能する。

また、こうした敵対者を攻撃している際、人々が正義に陶酔していることも閑却すべきではないだろう。不正義の存在を攻撃している我々こそが歴史を切り開く先駆者であるとの倒錯した意識が生じるのだ。

## 正義の独占を許さないのがリベラル・デモクラシーの基本

かつて政治学者の猪木正道《いのきまさみち》は『悪玉論に頼る急進主義』と題した産経新聞の「正論」欄（一九七三年六月二十五日）の第一回の論考で、次のように指摘していた。

社会現象の複雑さや人間性の奇怪さに眼《め》をそむけて、好ましくない事態の責任を特定の個人や集団の陰謀に押しつけると、私たちは現実の世界から解放されて、オーストリアの作家（引用者注・ロベルト）ムジールが〝第二の現実〟と名づけた一種のユートピアの中に遊ぶことになる。（中略）〝第二の現実〟に住む人間は、現実的に可能な代替案を考え出す必要はなく、可能な現実というユートピアの中で、他人を道徳的に弾劾していれば十分生きがいを感じることができるからである。

他者の存在を否定することによって自らの存在を肯定するという心理状況は、全体主義体制において露骨に表れる大衆心理だが、必ずしも全体主義体制に固有のものではない。人々が気づかぬうちに、リベラル・デモクラシーの中に正義の独占という憂うべき状況が生じてくる。これはリベラリズムの危機ともいうべき状況だ。

リベラル・デモクラシーの条件とは、相反する正義の複数性を担保するところにある。

要するに、政治の場においていかなる正義の独占をも許さないとするのがリベラル・デモクラシーの基礎なのである。例えば、ある宗教を熱烈に信仰するのは個人の自由だが、国家全体を宗教国家にして、その宗教を信仰しない人間を、強制的に入信させようとすることは許されない。

最近、気になって仕方がないのが、幾つかの小さな正義が絶対的な正義であるかのような主張がなされていることだ。その代表例が「禁煙運動」だ。率直に申し上げておくが、私は喫煙者ではない。喫茶店や食事の場で受動喫煙させられることには腹を立てている一人である。できれば、受動喫煙などなくしてほしいとも思う。

しかしながら、昨今の喫煙者を「悪魔化」するような議論には、正義の体現者を自負する人々のいかがわしさを覚えずにはいられないのである。確かに煙草が健康によくないという理屈は理解できるし、おそらくそれは科学的に正しい議論なのであろう。しかし、科学的正義がすべてに優先する正義だとは限らない。少々健康を害することがあっても、喫煙によって精神的な解放感を得たいと思う人がいても、それは否定されるべきではないだろう。子供や非喫煙者がいる場所で喫煙を慎むなどマナー意識を向上させる必要はあるかもしれないが、彼らの存在を否定するかのような議論は危険である。

先日、友人からこんな話を聞いた。出勤の際、駅のエレベーターを降りると、ちょうど電車が出発する直前だった。急いで電車に飛び乗ると周りから鬼の形相で睨《にら》みつけられたという。一体何事が生じたのか戸惑っていると、中年の女性が絶叫した。「ここは女性専用車両です！」。まるで獣を見るかのような目つきでにらまれ、寿命の縮む重いがしたという。

痴漢から女性を守るために女性専用車両が存在することは理解できる。しかし、急いでいて間違って乗ってしまった人物を痴漢や悪魔のように扱う必要はないはずだ。

小さな正義を振りかざし、他者を悪魔化する行為は、小さな全体主義の萌芽《ほうが》であるとの自覚が必要だろう。

［初出］　あなたもバッシングされる？〝悪玉〟論の恐怖（『正論』二〇一八年六月号）

# 「リベラル」が夢想する「多文化共生社会」を打ち砕く移民の現実

## かつてヨーロッパだった場所の新住民たち

「ミネルヴァの梟《ふくろう》は黄昏《たそがれ》に飛び立つ」と喝破したのはドイツ哲学の泰斗《たいと》、ゲオルク・ヴィルヘルム・フリードリヒ・ヘーゲルだった。

ここでヘーゲルが梟を持ち出したのは、梟が智慧《ちえ》の女神・ミネルヴァの使者であったという理由だけではない。早朝から飛んでいる烏《からす》や雀《すずめ》ではなく、黄昏に飛び立つ梟でなければ、ヘーゲルの真意は伝わらないのだ。

すなわち、時間が過ぎ去った後に、その時代の意義、本質を哲学的に把握できることを彼は言いたいのだ。

人々が一日の仕事を終え、微睡《まどろ》み始めた頃、初めて飛び立つことになる梟は、まさにヘーゲルの「歴史主義」を象徴する存在にほかならない。時間が過ぎ去った後に、真実を把握することができるというわけだ。

大きな歴史の流れの後で、梟は幾度となく飛び立った。

資本主義社会の終焉と同時に現れるユートピア。二十世紀、多くの人々がカール・マルクスの『資本論』を読み、平等で理想的な共産主義社会の実現を夢見た。しかしながら、共産革命後に成立した共産主義国家の現実は、ユートピアからかけ離れた、冷酷極まりない全体主義国家にほかならなかった。理想は決して現実化されることがなく、共産主義体制が遺したのは夥しい死骸だけだった。罪なき人々が「階級の敵」として殺戮される残虐な僭主政治こそが、共産主義体制の本質だった。

いまだに共産主義思想を信奉する人々が存在するのは確かだが、その魅力は色褪《いろあ》せ、大多数を魅了する思想ではなくなっている。多くの人々が、ソ連の崩壊と同時に共産主義思想の終焉を直感した。ヘーゲルに倣えば、ソ連が崩壊した後に、ミネルヴァの梟が飛び立ったということになるだろう。

梟が飛び立ったのは、ソ連の崩壊の際だけではない。近年、ヨーロッパにおいても梟が飛び立とうとしている。イギリスのジャーナリスト、ダグラス・マレー氏の『西洋の自死』（東洋経済新報社、二〇一八年）は、ヨーロッパの移民問題についてミネルヴァの梟が飛び立とうとする様を克明に綴った力作である。

第二次世界大戦後に、ヨーロッパ各国は外国人労働者の入国を積極的に認めてきた。労働力不足を補うためである。彼らは「労働力」を求めていたが、移民は単なる「労働力」ではなく、それぞれの宗教や文化に根差した価値観を持った人間であった。彼らは周囲に同化することなく、独自の価値観を保ったままヨーロッパに存在し続け、その数は増加している。

マレー氏が恐れるのは「大置換《だいちかん》」だ。すなわち、ヨーロッパの住民の数が減少する一方で、移民の数が増加し、いずれの日かヨーロッパの多数派は移民であり、従来のヨーロッパの住民の数が少数派となってしまう「大置換」が起こるのではないかという恐怖である。

実際に、徐々にヨーロッパが変容しつつあるとマレー氏は言う。

欧州的だった場所が次第にそうではない場所になった。パキスタンからの移民が押し寄せた場所は、その地理的な位置以外のすべての点においてパキスタンに似たものになった。近年の移民とその子どもたちは、彼らの出身地の食べ物を食べ、彼らの出身地の言語を話し、彼らの出身地の宗教を信じるからだ。（中略）

膨大な数の移民たちを見ていると、そして彼らがまったく異なる生き方をしているのを見ていると、いずれは彼らが優勢になるかもしれないという気分になるのである。

（一四頁）

## 自己の正義を押しつける過激な隣人

ヨーロッパがヨーロッパでなくなってしまうかもしれないという不安と恐怖。そして、現実にヨーロッパに住む移民の数は増え続けている。ヨーロッパ的なるものが雲散霧消してしまうのではないか。

大袈裟な心配だと思われるかもしれないが、これを杞憂《きゆう》であると切り捨てるのは、早計にすぎる。

重要なのは、移民とヨーロッパ住民との価値観の相違である。

価値観の相違など当然の話だと思われるかもしれないが、この問題は深刻である。食後にコーヒーを飲むのか、紅茶を飲むのか、あるいは煎茶を飲むのか。これも価値観の一つだ。ある人にとっては些細《ささい》な問題にすぎないかもしれないが、当人にとっては譲れない価値観である場合もあろう。

この場合、それぞれがその好みの飲み物を飲んでいれば何も問題がない。しかし、その共同体に属するすべての人々が何か特定の飲み物を飲むべきである、とか、特定の飲み物を飲んではならないと考え、そうした考えを他者に強制する人物が出現した場合、事態は異なってくる。さらに、そうした問題が食後の飲み物についての価値観ではなく、女性の権利についての考え方であったり、同性愛に関する考え方、あるいは信教の自由であったりしてくると深刻な問題になってくる。

日本もそうだが、近代的な自由主義国家はリベラルな価値観を前提としている。かつてイギリスの哲学者、アイザリア・バーリンが説いた「消極的自由」を擁護する立場に立つ。

すなわち、価値観は一人ひとりが自由であり、そうした価値観を他者に押しつけることがあってはならないというのが基本的な立場だ。生き方を決定するのは自己自身であると考える。

我々はこうした価値観を普遍的だとみなしがちである。だが、世界にはこのような価値観を到底受け入れることができないと考える人々も存在する。女性は男性に劣ることが自明視されていたり、同性愛は犯罪行為だとみなしたりする人々もいる。自分自身の信仰する神こそが唯一の神であり、他の宗教はすべて邪教とみなす人々も少なくない。我々は普遍的な「人権」を自明視しているが、そのような「人権」概念を認めないという人々も存在する。

近代立憲主義国家であれば、基本的な人権を擁護する憲法が定められ、人々は教育、その他の様々な機会にある程度のリベラルな価値観を身につける。だが、移民としてヨーロッパに入ってきた人々の中には、そのような近代的なリベラルな価値観を否定する人々も存在している。イスラム過激派としてテロに身を投じる人々は基本的人権を蹂躙してでも、自らの信仰を優先させようとする価値観を抱いている。

フランスの週刊新聞『シャルリー・エブド』紙がムハンマドの風刺画を掲載すると、激怒した人々が編集部を襲撃し、多くが人命を落とした。言論の自由という価値観を重んずる人から見れば、許されざる犯罪以外の何ものでもないが、ムハンマドへの冒涜こそ許されざる犯罪だとの価値観を有する人から見れば、見解がまったく逆転してしまう。

自分たちが信じてきた両性の平等、信教の自由、言論の自由……。近代社会を成立させてきた基本的人権の理念を否定する人たちがヨーロッパで増えつつあるのではないか。

果たしてこのままの状況が続いて、ヨーロッパはヨーロッパであり続けることができるのか。そうした不安が浮かび上がってくる。

## イスラム過激派はコーランから逸脱していない

だが、多くの政治家、知識人たちは、こうした現実を見ようとしなかった。自分自身が見たいと思うものしか見ようとしなかったのである。あるいは「人種差別主義者」の烙印を押されることを恐れて、事実を伝えようとしなかったのだ。

イギリス在住のイスラム教徒がロンドンでイギリス人を殺害した際、当時のデーヴィッド・キャメロン首相は「イスラム教ではこのような恐ろしい行為が正当化されることがない」と述べ、翌年にイギリス人がイギリス生まれの「ジハード戦士」に殺害された際も、「イスラム教は平和の宗教。彼らはイスラム教徒ではなく、怪物です」と述べたという（前掲書）。

イスラム教徒すべてを敵に回すような発言を慎むのは政治家として当然のことともいえる。だが、本人たちがイスラム教徒を自称しているのだ。自分たちが好ましいと思えるイスラム教徒だけを「本物のイスラム教徒」と解釈し、他を「イスラム教」とは無関係な人々と断ずるのは、事実から目を背けているだけではないのか。

イスラム法の研究者である飯山陽《いいやまあかり》氏に『イスラム教の論理』（新潮新書、二〇一八年）という素晴らしい啓蒙書がある。本書が面白いのは、自分たち（日本人、ヨーロッパ人）にとって都合のいいイスラム教徒を「本物のイスラム教徒」と捉えることが、どれほど馬鹿げたことであるかを白日の下に曝し出しているからである。

我々からすれば信じがたいほど残虐で凶暴なＩＳのイスラム解釈を、飯山氏は「正しい」と言う。ＩＳの指導者、アブー・ウマル・アル＝バグダーディーは「あなたがたには戦いが定められた。だがあなたがたは戦いを嫌う」「騒乱がなくなるまで戦え。そして宗教すべてが神のものとなるまで（戦え）」というコーランの一節を引用してジハードを説いているが、これを誤っているとすることはできないというのだ。

一方、ヨーロッパに住むイスラム教の指導者たちは、コーランの「人を殺した者、地上で悪を働いたという理由もなく人を殺す者は、全人類を殺したのと同じである」を引用し、「イスラム教は平和の宗教」と宣言した。飯山氏に従えば、どちらもコーランに従っている以上、間違いはないという。

解釈の正しさを知るのは神だけだというわけだ。日本でイスラム教について語る人の多くが、「イスラム過激派は本当のイスラムとは無関係だ」と説くのとは異なり、どちらにも「大義」があると率直に認めている点が興味深い。

飯山氏が説くように、過激なジハードを説く人々もイスラム教徒であり、平和を愛する人々もイスラム教徒であるだろう。自分たちが見たいイスラム教徒像のみを取り上げて「本物のイスラム教徒」と捉えることが最も愚かしいことなのだ。

## リベラルの移民政策が欧州を分断した

価値観が相違する人々が共に暮らすことは難しい。「多文化共生」はリベラルな価値観が至上の価値観であり、普遍的な価値観であるとの前提で成り立つ思想だが、そうした前提を拒絶する人々にとっては無意味以外の何ものでもない。「私には私の価値観があり、あなたにはあなたの価値観がある」と認め合える者同士は共存の可能性がある。

だが、「我々には従うべき法は一つのみだ」と考える人と共存していくためには、こちらが相手の主張を全面的に受け入れるか、そうした考え方を捨てさせるしか共存の可能性はないと言ってよいだろう。「多文化共生」と口先で語るのは自由だが、実践するのは極めて困難だ。

二〇一〇年十月、ドイツのアンゲラ・メルケル首相のポツダムの地における演説は画期的な意味があった。

「私たちは『彼らは永住しない。いつかはいなくなるだろう』と考えたのです。でも現実は違いました」

(『西洋の自死』一五八頁)

「多文化社会を築き、隣り合わせに暮らし、互いの文化を享受するというアプローチは、言うまでもなく失敗しました。完全な失敗です」

(同一五九頁)

こうした移民政策を牽引《けんいん》してきた自称「リベラル」は、極めて矛盾した行動を取り続けてきた。なぜなら、彼らは基本的人権を守ることが重要だと説きながら、基本的人権を認めぬ人々を自分たちの生活圏内に招き続けてきたからだ。

一方で、同性愛やトランスジェンダーの権利を守れと声を上げながら、そうした権利を一顧だにしない移民を受け入れ続けてきた。これを矛盾と言わずして、何を矛盾というのだろうか。「リベラル」の幻想を超えて、現実の移民は深刻な問題をヨーロッパにもたらしたし、これからもこの問題が問題であり続けていくだろう。社会は分断され、人々を統一する理念はまるで見えてこない。

イギリスの優れた歴史家であり、思想家でもあったトニー・ジャットは、「信頼の共同体」の重要性を語った際、異なる他者との関係について次のような厳しい指摘をしている。

信頼の共同体が実際に成立し得る範囲を決めるものとは何でしょう？　根無し草のコスモポリタンは、インテリにとっては快適ですが、大部分の人びとが暮らしているのは限定つきの場所です。空間で限定され、時間で限定され、たいていは宗教で限定され、おそらくは——嘆かわしいことではありますが——肌の色等々で限定されているのです。

（トニー・ジャット『荒廃する世界の中で』みすず書房、二〇一〇年、八〇頁）

結局のところ、信頼や協力を生み出す上で、同質性と大きさとが重大な意味をもつ一方、文化的な、あるいは経済的な異質性がその反対の影響力を発揮することを示す明確な証拠があるのです。国外からの移住者、とりわけ「第三世界」からの移住者の数が年々増えるにつれ、イギリスはもとよりオランダやデンマークにおいても、社会的な一体性に顕著なかげりが見られます。あけすけに言うなら、オランダ人やイギリス人はインドネシア、スリナム、パキスタン、ウガンダなど、かつての植民地の住民とともに福祉国家を営もうという気はないのですし、デンマーク人はオーストリア人ともども、近頃自分たちの国に集まってきたムスリム難民のために「金を出す」気など、さらさらないのです。
（同八四頁）

あまりに「あけすけ」な話だが、おそらく、真実だろう。我々人間は「リベラル」な人々が想定するほど道徳的でもなければ、高尚でもない。自らに近いと感じられる人と遠いと感じられる人で対応がまったく違ってくる。

具体的に考えてみよう。「人の命は尊い」という命題がある。多くの人が否定できない命題だ。確かに、我々は人の命は尊いことを認識しているし、罪なくして殺される人が存在したとき、何とか力になりたいと思う存在だ。だが、この「力になりたい」と思う度合いは、その人との関係で大きく変わるはずだ。

我々がニュースでイエメンの惨状、シリアの惨状等々を眺めたとき、確かに、不条理に死んでいく子供たちを不憫《ふびん》だと思う。だが、多くの人は、不憫と思うだけで何も行動をしようとはしない。そして、何もしなかった自分を責めることもない。イエメンで多くの子供が餓死していることよりも、自分の子供の期末試験の成績が気になったり、飼っている猫の病状が気になったりする。

こうした人間を残酷だと言ってみても、仕方がない話だ。人間は神ではない。自分のできる範囲でしか行動ができない、ある意味では人間とは罪深い存在なのだ。

## 移民は天皇を受け入れられるのか

「リベラル」の人々は、人間の同情、共感の念がどこまでも拡大していくことが可能だと考えている節《ふし》があるが、それは残念ながら人間の範囲を超えた要求だと言わざるをえない。「リベラル」が現実を見つめるべき時期に来ているといってよい。

今、近代における移民政策に関して、ミネルヴァの梟が飛び立ちつつある。『西洋の自死』のなかには、移民政策は必然的な政策ではないと説く場面に、次のような記述がある。

現代の経済国家が大量移民を防止することは可能であること、またそれが「不可避」なプロセスではないことを日本は示した。（一〇五頁）

本書が日本で発売された二〇一八年十二月、皮肉なことに政府は入国管理法を変え、外国人労働者の受け入れを拡大することを決定した。従来まで単純労働に関する入国は認めていなかったが、これを認めたのだ。

従来の政策の大転換だ。事実上の「移民政策」の始まりだ。なお、「外国人労働者」は「移民」とは異なるという議論があるのは事実だが、これは「自衛隊」は「軍隊」とは異なると呼ぶような言葉のうえの議論であって、実質的には移民にほかならないはずだ。

政府が望んだのは「労働力」であり、メルケルが語ったように、「いつかはいなくなるだろう」ことが期待されているのかもしれないが、移民を受け入れた各国の現状を眺めてみると楽観視するわけにはいかない。

ヨーロッパ的価値観とされるものが、基本的人権の尊重等々のリベラルな価値観であるならば、それはある種の普遍的な価値観であったはずだ。だが、そうした価値観であってさえも、受け入れがたいという移民が存在している。日本が他国と決定的に異なるのは「国民の象徴」として天皇を戴く国家であるということだ。

果たして、天皇を「国民の象徴」と受け入れることなど到底不可能だという外国人が増加したとき、日本は日本であり続けることができるのだろうか。

日本列島は残っているが、天皇陛下も、日本国民、日本文化も存在しない。そうした日本を果たして、日本と呼ぶことができるのか。

後世、平成の終わりこそが、緩慢な「日本の自死」が始まった分水嶺《ぶんすいれい》と評されることを恐れている。

［初出］　移民問題は「リベラル」の幻想を超える「移民政策」が大転換するなかで、日本は日本であり続けることができるか（『Voice』二〇一九年二月号）

# 被害者とその遺族に対する想像力が欠けている死刑制度廃止論

## 死刑執行を異様で野蛮な虐殺だと評した弁護士

あまりに長い歳月だった。

二〇一八年七月六日、麻原彰晃《あさはらしょうこう》以下、オウム真理教《しんりきょう》関連の死刑囚七名、同月二十六日には、残り六名の死刑が執行された。教団に対する強制捜査から実に二十三年あまりの歳月を経て、ようやくオウム真理教関連事件の死刑囚すべてが刑場の露と消えることとなったのだ。

罪なくして殺戮された人々の無念とは、いかばかりであったろうか。考えてみれば、犯人らの狂信的な世界観に基づいた事件に巻き込まれた人々は、不幸な被害者以外の何ものでもなかった。彼らには何の罪もなかった。ただ、運悪くその場に居合わせただけなのだ。あの日、あの場所にいたというだけの理由で、平穏な日常生活は無惨に破壊され、命まで絶たれた。被害者は実際に殺されたり、傷つけられたりした人々ばかりではない。突然、家族を奪われ、穏やかな日常生活を破壊された遺族もまた被害者にほかならないのだ。

死刑の執行を報ずるニュース番組を見ながら、私が第一に想像したのは被害者の無念の思いであり、遺族の思いだった。当然の話だが、凶悪犯が死刑に処されても被害者が帰ってくることはない。だが、凶悪な犯罪者に死刑が執行されることで、遺族の気持ちに一つの区切りがついたのではないか。それにしても、これだけ長期間にわたって、堪え忍んできた遺族はさぞかし大変だったであろう。

だが、同じ死刑執行との報道を受けて、まったく異なる感想を抱く人も存在するようだ。死刑の直後、『朝日新聞』（七月二十七日）に掲載された弁護士のコメントに私は驚愕した。

そこでは弁護士のコメントが次のように記されていた。

「今回の大量執行は、国際社会から見れば、異様で野蛮な虐殺だ」

「死刑廃止及び関連する刑罰制度改革実現本部」の事務局長を務めるという弁護士のコメントだった。オウム真理教関連の死刑囚に対する死刑執行が「異様で野蛮な虐殺」だというのだ。

私は思わず目を疑ってしまった。

「死刑廃止」を求めるのはともかく、地下鉄にサリンなる猛毒を散布し、無辜の市民を大量虐殺したテロ集団の首謀者、関係者を死刑にすることは「異様で野蛮な虐殺」と呼ばれるべきなのだろうか。私からすると、このコメントの方がよほど「異様」なコメントだ。

常識で考えてみれば、「異様で野蛮な虐殺」とは地下鉄にサリンを散布して無辜の人々を殺すことであり、カルト教団の価値観を共有しなかった者たちに対する理不尽な殺害のことではないか。確かに、罪なき人々を身勝手な論理で殺すのは、「異様で野蛮な虐殺」だ。だが、「異様で野蛮な虐殺」に手を染めた犯罪者を法に従って裁き、死刑に処するのは「異様」でも「野蛮」でもない。彼らは死刑に処されるべき、許されざる「異様で野蛮な」大罪を犯したがゆえに死刑に処されるのだ。その前提を忘れてはならないはずだ。

死刑に処されたオウム真理教関係の死刑囚こそが被害者であるような弁護士の口吻《こうふん》は、加害者と被害者を逆転させた奇妙な論理に思えてならなかった。

二十七日にはオウム真理教関連の死刑執行に抗議する集会が都内で開催され、「内閣や法相はこれを機に、死刑廃止に向けて方針を転換すべきだ」との声明が採択されたという。その際、一審で麻原彰晃の主任弁護人を務めた安田好弘《やすだよしひろ》弁護士は、幸徳秋水《こうとくしゅうすい》らが処刑された「大逆事《たいぎゃく》件」を挙げ、「死刑をめぐる状況が、百年以上前に逆戻りした」と批判したともいう。

「死刑」は野蛮な刑罰であり、いかなる重罪人であれ、死刑に処するのは野蛮だというのが彼らの主張のようだ。

## ご都合主義的な「他国に倣え」

全世界を見渡してみれば、死刑制度を廃止する国が増えているのは事実だ。『朝日新聞』によれば、二〇一七年末、百九十八カ国・地域の中で百四十二カ国が死刑を廃止している。OECD（経済協力開発機構）に加盟する三十五カ国のうち、死刑制度が残っているのは日本、アメリカ（一部の州）、韓国の三国にすぎないとも記されている。

だが、他国に倣えというのであれば、「集団的自衛権」の行使や軍隊の保持はどうなのだろうか。集団的自衛権を「保有しているが行使できない」などと主張する大国はどこにも存在しないし、「軍隊」を保有しない大国も存在しない。他国に倣えというのであれば、憲法第九条を改正し、「集団的自衛権」の行使を容認し、軍隊の保持を認めるべきであろう。軍隊の保持も認めず、集団的自衛権の行使容認に反対するなど、世界の潮流に反することはやめよと説くべきだ。しかし、死刑廃止論を唱える「人権派弁護士」の多くは、そうは主張していない。彼らは死刑制度の廃止を求める際には他国に倣えと主張し、安全保障の問題になると他国に倣えという議論を一蹴する。死刑制度が存在し続けていることは世界の常識に反していると糾弾の声を上げ、世界の常識に反している憲法第九条を国の宝であると持ち上げているのである。

要するに自分たちの都合の良いときには外国の事例を持ち出し、自分たちに都合の悪いときには外国の事例に関して口を噤む傾向があるのだ。こういうご都合主義的な議論は極めて卑怯な議論と言わざるをえない。

私はそもそも死刑の問題に関して外国の事例を持ち出す必要などないと考えている。外国が国民の合意に基づいて死刑という制度を廃止したのならば、それはその国の事情であり、我々が容喙《ようかい》すべき事柄ではない。我々は我々であり、彼らは彼らなのだから、同調する必要などないだろう。日本人が、死刑が必要か不要かを決めればよいだけの話なのだ。確かに他国の事例を研究する必要はあるだろう。だが、他国がこうしているから日本もこうしなければならないというような、国の独立を放棄したような議論の立て方は苟《いやしく》も独立国家の国民の議論とはいえないだろう。

## 犯罪抑止効果の有無は被害者にとって関係ない

他国に倣えという議論を除いて見ると、死刑に関する議論には大きく分けて二つの論点がある。「犯罪の抑止」と「被害者感情」の二つである。

「犯罪の抑止」とは、死刑が存在することによって、犯罪者が犯罪をやめようと決意させる力があるのか、否かである。死刑廃止論者は、死刑には抑止力はないと主張する。彼らが持ち出すのは、死刑制度のある地域・国家と死刑制度のない地域・国家とで比較し、凶悪犯罪の発生率はほとんど変わらないという事例である。確かに、彼らが挙げる資料を見てみると、死刑が「犯罪の抑止」になっていると断言することは不可能なように思われる。

だが、率直に言ってしまうと、この「犯罪の抑止」という論点に、私はあまり興味も関心もない。死刑が存在することによって犯罪の抑止効果があれば、それは結構だとは思うが、別段抑止力がないからといって、死刑を廃止すべきだとは思わない。なぜなら、死刑は犯罪の抑止のために存在するのではないと考えているからだ。

死刑の存在が抑止力になるということは、その事件の被害者にとってはあまり意味のあることではない。なぜなら、被害者は既に被害を受け、多くの場合、死亡してしまっているからだ。

死刑の抑止力は、その犯人を抑止し、その被害者を救うことにはならない。抑止力が効果を持つのはあくまで将来の話であって、その被害者とは無関係だ。犯罪者を死刑に処し、死の恐怖を社会に周知させることは、社会における犯罪の萌芽を摘み取る可能性を持つが、それは被害者とは直接の関係を持たない。率直にいってしまえば、将来のための「見せしめ」は社会全体を考えれば有益な可能性もあるが、被害者には無関係と言ってよいだろう。

## 「被害者感情」を無視

私が重視したいのは、もう一つの論点である「被害者感情」の方だ。こちらこそが「死刑」の根拠になると考えている。ただ、ここで気をつけるべきなのは「被害者感情」と言ったときの「被害者」の定義である。死刑になるほどの罪を犯す場合、その事件における直接の被害者は殺害されていることが多いだろう。このとき、被害者、すなわち犠牲者がなくなっているから「被害者」は存在しないということにはならない。被害者の家族もまた被害者とみなすべきである。突然、夫を失った妻は、今後どのように子供を育てていけばよいのか悩み苦しむであろう。父を失った子供もまた人生における最も重要な助言者を失うことになるだろう。あるいは、突然、妻を失った夫、子供を失った母親、様々な場合が考えられるが、いずれにせよかけがえのない家族を奪われた人々もまた被害者にほかならない。

彼らは直接被害を受けていないのだから、被害者ではないという議論は通用しない。なぜなら、犯人が凶行に及んだことによって、愛する人と過ごす時間を奪われた犠牲者だからにほかならない。従って、私は「被害者」といったとき、事件で直接の犠牲者となった被害者に加えて、被害者の家族、すなわち遺族もまた被害者と解釈することにする。

さて、凶悪犯罪に手を染めた犯人が死刑に処されることを遺族はどのように受け止めるのだろうか。死刑廃止論者である明治大学名誉教授の菊田《きくた》幸一《こういち》氏と同じく死刑廃止論者である映画監督の森達也氏は、被害者感情に関して、ある対談で次のように語っている。

菊田　死刑があることによって被害者感情が癒されるのか。加害者を殺せば、被害者の家族は翌日から幸せになれるのか。私は、なれないと思います。
森　遺族に慰撫《いぶ》を与えることと、加害者に処罰を与えることが混然となってしまっていることに、そもそも無理があるのではないかと思います。
菊田　そうなんです。被害者感情の問題と死刑の存廃は、ほんらい結びつけることができないものです。
（「それでも『死刑』に反対する」『第三文明』二〇〇五年七月号、三七頁）

自らの家族を残酷に殺した犯人を死刑にしても、被害者感情が癒やされない。そもそも遺族に慰撫を与えることと加害者を処罰することは区別して考えるべきであり、両者を混同したような死刑擁護論は誤っている。二人はそう主張している。

だが本当なのだろうか。私は極めて疑問に思う。

確かに、加害者を死刑にして殺した翌日から遺族が幸せになるはずがないのは明らかだ。しかし、犯人が死刑にならなければ納得がいかないという遺族も多いのではないか。なぜ、自分の家族の命を奪った犯人が生き、被害に遭った家族が死なねばならないのか。確かに犯罪者を死刑にしたところで、被害者が甦《よみがえ》ることなどない。だが、逆に言えば、犯罪者を生かしておいても被害者が甦ることはないのも事実であろう。いずれにせよ戻ってこないのが殺された死者なのだ。少なくとも、死者の無念の思いを晴らすためにも犯罪者を死刑に処したいという遺族がいても、それはおかしなことではない。

## 死刑を望む被害者遺族

ジャーナリストの藤井誠二《ふじいせいじ》氏は殺人事件の被害者遺族の声をまとめた力作『殺された側の論理』（講談社、二〇〇七年）で、加害者に極刑、すなわち死刑を望む遺族たちの声を紹介している。通り魔殺人で父親を殺害された大鞭孝孔《おおむちたかよし》氏の発言は、極めて率直な発言であり、注目に値するので紹介したい。

大鞭氏の父親は高木なる男に理不尽な理由で殺された。孤独感に苛《さいな》まれていたという高木は、無差別殺人をして世間の耳目を集めようと考えていた。そこに高木自身が恨んでいた高木の父親に背格好の似た大鞭氏の父親が折悪《あ》しく通りかかってしまった。突如、高木は背後から大鞭氏の父親に襲いかかり、氏は凶刃に斃れたのである。息子である大鞭氏は言う。

初公判の時、父を殺した高木を初めて眼前に見ました。むろん憎い気持ちに変わりはありません。けれども、この男をどついても父は返ってこない。人間の幸せは生きてこそあるものだから、それならばせめて、高木には生きていてほしくないのです。

（八二頁）

大鞭氏は加害者をどうしようとも被害者である父親が帰ってこないことなど十分に認識している。そして、この男が幸せであってはならないとの思いから、「生きていてほしくない」とはっきりと指摘している。さらに大鞭氏は続けている。

被害者遺族にとって、加害者が己の死をもって罪をあがなうのは一つの「償い」になります。加害者に生きていてほしくないと思う気持ちは大事だと思います。

（八三頁）

罪のない被害者が殺され、理由はどうあれ、自らの意思で犯行に及んだ加害者が生きているという事実そのものが許しがたい。せめて、加害者には生きていてほしくない。遺族である大鞭氏はそう主張しているのだ。

遺族の慰撫と加害者を処罰することとは違うことだと死刑廃止論者は主張するが、私は、それは間違っていると考える。なぜなら、現実に加害者の処罰を強く望む遺族が存在しているからだ。死刑廃止論者が、処罰を訴える遺族に向かって「間違っている」と主張しても、あまり説得力がない。そもそも、死刑廃止論者のいう「遺族の慰撫」とは一体何なのだろうか。殺されてしまった被害者が甦らない以上、究極的には「慰撫」など存在しないというべきではないのか。もちろん、経済的な支援等々、遺族の方々の品位ある生活を守るために講ずる対策は必要だ。しかし、どれほど経済的な支援を受けようとも、亡くなった被害者が甦らない以上、「慰撫」などできないのではないだろうか。

　自分の愛する人を殺されたとき、人は悲しみ、怒るだろう。この憤激こそが人間の自然な感情であり、この自然な感情を否定することに一体、どんな意味があるのだろうか。死刑廃止を訴える人々には、自然な感情を否定する偽善の匂いが漂うと感じるのは私だけなのだろうか。

## 被害者遺族の意見を聞き入れようとしない廃止論者たち

　この点を考える際に、非常に参考になる対談がある。ルポライターの鎌田《かまた》慧《さとし》氏と森達也氏の対談だ。

　鎌田氏は、報復、復讐を求めたいという遺族の声に向き合うかのように、次のように語っている。

「お前、（引用者注＝死刑に）反対って言ってるけど、自分の家族を殺されたらどうするんだ」という言い方があります。でも僕らは「死刑廃止」って言った以上は、たとえ自分の娘が殺されても「それでも死刑は廃止だ」って言わなくちゃいけないと思う。娘には申し訳ないけど、しようがない。そのことを今まで死刑廃止派の人たちは言い切らなさすぎたんじゃないか。

（「死刑廃止への路～国家・メディアによる暴力への抵抗～」『部落解放』二〇〇八年十月号、二〇頁）

自分の家族が殺されても、死刑廃止を主張するというのだから、なかなか潔い発言だ。死刑廃止論者が首尾一貫した態度を貫くためには、鎌田氏のように主張するのが筋というものだろう。筋を通すのは立派なことだ。だが、よく読んでみると疑問も残る。それは「娘には申し訳ないけど、しようがない」との断りをわざわざ入れている点だ。ここで鎌田氏は、自分自身の娘が殺されたとき、犯人を死刑にしないことを「娘には申し訳ない」と思うであろうと告白しているようなものだ。

鎌田氏の論理を丁寧に辿ってみると、次のような論理展開になるのではないだろうか。本来であれば、鎌田氏本人もまた娘を殺した残酷な犯人を死刑にしてほしいと願う。それが犠牲者の無念を晴らすことであり、おそらく、殺されてしまった娘もそのように願うはずだ。だが、自分自身は従来、死刑廃止論を主張してきた。だから、犯人には死刑を求めない。憎き犯人を死刑にできず、「娘には申し訳ないけど、しようがない」ということになるのだろう。

そう考えてみると、自分自身の中に死刑廃止論という結論が先にあるために、娘には疚しい点があるという感情を押し殺してでも犯人への死刑を求めないということになる。なぜ、そこまで死刑廃止論に拘泥するのかが私には理解できない。自分の娘が殺されれば、当然、殺した犯人を死刑にしてほしいと望む。そうであるならば、死刑は存在すべきだと主張すればよいだけの話なのではないだろうか。自分自身の自然な感情に抗《あらが》ってまで死刑廃止を主張するというのは、無理がある話のように思われてならない。

これに対する森氏の応答も興味深い。

僕は事件については加害者でもないし、被害者やその遺族でもない。つまり非当事者です。当事者と同じ感情はもちたくてももてないし、論理も違うはずです。（中略）「お前の家族が殺されたら」との設問に対しては、「あなたは本当にそれをリアルに想像できているのか」って問い返すだけでいい。できるわけないんです。それが当事者と非当事者との違いです。想像できていると思っているのなら、とんでもなく傲慢《ごうまん》なことです。（中略）

想像することは大切です。でも絶対に共有はできない。

（同二〇頁）

森氏の発言に嘘はない。確かに被害に遭っていない私は、被害者の気持ちを漠然と「想像」することはできるが、完全に理解することなどできない。被害者の気持ちを共有しているなどという人がいたら、その人は森氏がいうようにとんでもないほど傲慢な人間にほかならないだろう。確かに我々は被害者の気持ちを共有することなどできない。だが、我々は被害者、遺族の声に耳を傾けることはできるはずだ。実際に、自分自身の家族が殺されたような経験を持つ人々は、死刑についてどのように考えているのか、その意見を拝聴することは可能である。

そして、現に、死刑を望む遺族が多数存在している。森氏はこの現実を踏まえたうえで、被害者の思いを「想像」してみたことがあるのだろうか。残念ながら私には、森氏のような死刑廃止論者の主張は、直接殺害された被害者の無念、遺された被害者である遺族の憤りに関してあまりに想像力の欠ける傍観者の主張にしか思われないのだ。確かに当事者でない私たちは、被害者の思いを完全に共有することはできない。だが、その思いを共有すべく、被害者の声に耳を傾け、想像し続ける努力が必要なのではないだろうか。

我々は傍観者たらざるをえないが、傍観者であることに甘んじたうえで、被害者の声を蔑ろにした議論を展開してよいというわけにはいかない。

## 妻を殺された当事者として死刑制度は必要だと語るかつての人権派弁護士

傍観者であったはずが、当事者となってしまったという悲惨な事件もある。

死刑についていろいろな著作を読んでいる中で、最も衝撃的だったのが、弁護士の岡村《おかむら》勲《いさお》氏の論文だった。自分自身では被害者に対して傍観者の意識はなかったが、結果としては傍観者であり続けてしまい、当事者となって初めて当事者のつらさを痛感したという悲しい経験の持ち主だ。
岡村氏の経歴は、他の弁護士と比較してみると少々異色といってよい。
高知県に生まれ、自然豊かな農家で育つ。高校を卒業後、村役場に勤めたり、小学校、中学校で教師をしたりして過ごした。大学進学に関しては、父親に反対されるものの、三日間のハンガー・ストライキを実行し、母親が父親との間に入る形で進学を許され、一橋《ひとつばし》大学経済学部に入学した。四年時に就職活動に奔走するが、朝鮮戦争後の不景気の影響もあり、全部の会社で落とされてしまう。留年までして就職活動を続けるが、いつも面接で落とされてしまったという。

なぜ、ここまで就職活動に失敗し続けたのか岡村氏は語っていないが、もしかしたら、急進的な学生運動に傾倒した過去があり、そうした経歴を企業側が敬遠したのかもしれない。いずれにせよ、就職を諦めた岡村氏は大学院に進学し、法曹界を目指し、司法試験に合格する。
この後、岡村氏は弁護士として活躍するのだが、どのような弁護士であったのかを自らが語っている。

私は、どちらかというと、人権派の弁護士でした。戦前の治安維持法や特別高等警察による国民への残虐な行為に思いを馳せ、国家権力から被疑者・被告人の権利を守ることが弁護士の使命であると考えていました。

（家庭事件研究会『ケース研究』二九四号、二〇〇八年二月二十五日発行、四八頁）

岡村氏は国家権力の暴走を食い止め、被疑者とされる人物の「人権」を守ることを最も重視した弁護士だった。六〇年安保の際には、国会に突入した学生の弁護も引き受けた。また、第一弁護士会会長、日弁連副会長の要職も務めた弁護士でもある。

だが、岡村氏の自己紹介には続きがある。

ところが、自分が犯罪被害者の遺族になって、被害者の権利がいかに無視され、人権が守られていないか、刑事司法が、法律が、いかに被害者を苦しめ、泣かせているかを、身をもって知らされ、被害者運動に取り組むようになりました。（同右）

別の箇所では次のように語っている。

（引用者注＝弁護士として）被害者と絶えず一緒にいたはずなのに被害者の大変さがわかりませんでした。（中略）

迂闊《うかつ》といえば誠にその通りでありますが、これが弁護士の平均的な姿であろうかと思います。やはり人間はその立場にならなければ、本当のことはわからないものだと思います。

（『生と死の意味を求めて』一橋《ひとつばし》出版、二〇〇二年、一〇五頁）

裁判で弁護士として活躍しながらも傍観者であった岡村氏が、当事者として被害者の悲しみを経験する。

ある事件が岡村氏の人生を劇的に変えてしまったのだ。

弁護士として岡村氏は、某証券会社を恐喝している男がいるとの相談を受けたことがあった。この男は強請《ゆす》りたかりの常習犯だった。恐喝の手段はいたって簡単だ。証券会社を通じて株を買い、値下がりすると「売れと言った。売ってくれないから損が出た」と因縁をつけるのだ。男はこの種の恐喝行為を繰り返していたのだった。だが、この証券会社は男の要求を一蹴し、その結果、男は逮捕され、懲役二年、執行猶予四年となる。

弁護士であった岡村氏を逆恨みした男は執行猶予になると同時にナイフ二本を秋葉原《あきはばら》で購入する。言うまでもなく、岡村氏を刺殺するためである。ところが、岡村氏を刺す前に、男は別の恐喝事件で逮捕され、懲役一年の実刑判決が下る。岡村氏を恨み、殺害しようにも男は刑務所の中におり、岡村氏に手を出すことはできなかった。時が流れ、男が刑務所から出て来た頃、岡村氏は仕事に多忙で彼の存在などすっかり忘れてしまっていた。

一九九七年十月十日、岡村夫妻は共にデパートに出かける予定だった。だが、折悪しく母親の介護のため時間がかかってしまい、岡村氏は一足先にデパートに出かけることになった。デパートを訪れた後、事務所で深夜まで仕事をしていたが、何度家に電話してみても細君《さいくん》は電話に出なかった。

胸騒ぎを覚え、帰宅してみると、玄関は荒らされ、細君は倒れていた。驚いて岡村氏が額に手を当てると、既に冷たかった。男は岡村氏を逆恨みし、殺害しようとしていたが、何度家に向かっても岡村氏に会えなかったため、岡村氏の身代わりに細君を刺殺したのだった。

弁護士としてではなく、傍聴席で被害者の遺族として裁判を傍聴して、岡村氏は被害者の人権が踏みにじられていることを痛感する。岡村氏が許せなかったのは、犯人が明らかな嘘を述べていても、その発言を遮ることもできずに、黙って死者を冒涜する屈辱的な言葉を聞き続けなければならないことだった。

細君を刺殺した男は次のように述べた。

チャイムを鳴らすと、奥さんが出てきて、岡村はいないと言って、突然飛び掛かってきた。自分は1メートル50センチくらい突き飛ばされた。そこで咄嗟《とっさ》に隠し持っていたナイフで刺したのです。自分が下見に行ったときにも、奥さんはガラガラッ、ダンと雨戸を開けては、周囲を見てニヤニヤ笑っていた。精神がおかしかったのではないか。

（前掲『ケース研究』五〇頁）

男の発言を真に受ければ、細君は精神に異常を来している状況にあった。そして、岡村氏を訪問してきた男をいきなり突き飛ばしたから、自分はやむなくナイフで刺したということになる。自分自身が細君を刺したのは、彼女が異常な精神状況にあり、興奮して攻撃してきたために、自己防衛的な意味があったと主張したかったのであろう。

だが、岡村氏はこの発言を「虚偽発言」だと言い、激怒する。なぜなら、岡村氏の細君は病身だった。非力で病身な細君が男に飛びかかっていくはずもない。しかも、精神状態がおかしかったなどという根拠なき讒謗《ざんぼう》までしている。明らかな虚偽発言だ。しかし、この虚偽発言を虚偽であると証明できるはずの細君は既にこの世にいない。まるで「死人に口なし」とばかりに、犯人は自身が有利になるような発言を繰り返した。被害者の尊厳を傷つけ、愚弄する犯人に岡村氏が怒ったのは当然だろう。

裁判の結果、下された判決は無期懲役だった。死刑を望んでいた岡村氏は無念だったであろう。死刑制度を「絶対に必要だ」と積極的に擁護する岡村氏の論理は明快だ。

一〇〇万円を盗んだら、それを償うためには一〇〇万円を返さなければいけない。人の生命を奪ったときは、何で償うのか。償いのしようがない。自分の生命を提供して償う以外に、方法がないではないか。私はそう思う。

（「奪った生命を何で償うのか」『Voice』二〇〇八年六月号、二〇六頁）

こうした被害者の声を無視したうえに成立する死刑廃止論とは、被害者の感情を無視した、上辺《うわべ》だけ綺麗に取り繕った偽善としか思えない。

［初出］　死刑制度を考える　1（メールマガジン『岩田温の「政治哲学講義」』二〇一九年一月二十八日）

# 自らも殺人を犯した無期懲役囚の死刑擁護論

## 「嘘をつくな」と徹底的にしつけられた幼少時代

これまで被害者の視点から「死刑」を擁護する議論を展開してきたが、ここからは視点を大きく転換してみたい。実際に罪を犯した加害者の視点から死刑を考えてみたいのだ。もちろん、私は凶悪犯罪を行った当事者ではないから、私自身の視点ではない。実に興味深い人物が存在するので、その人物を紹介し、その興味深い死刑擁護論を紹介し、吟味してみたい。

紹介する人物は美達大和《みたつやまと》氏という。ペンネームであり、実名は知らない。二つの殺人事件を起こし、服役している無期懲役囚の一人である。この美達氏が『死刑絶対肯定論』（新潮新書、二〇一〇年）という実に興味深い死刑論を展開している。

実際に人を殺《あや》めた経験がある無期懲役囚の独自の死刑論を紹介し、吟味する前に、美達氏本人について記しておいた方がいいだろう。彼の来歴を知ることによって、彼の死刑肯定論の持つ意味がより緊迫感を持って伝わってくるからである。

なお、ここで紹介することは、美達氏本人が『人を殺すとはどういうことか』（新潮社、二〇〇九年）、『死刑絶対肯定論』において記していることに基づく。厳密に言えば、私には検証のしようもないような内容がほとんどであり、真偽のほどは定かではないといわれるかもしれない。だが、私は自分自身の直感から、この男が記していることは真実であると考えている。以下の議論は、美達氏の叙述が事実であるとの仮定から進めるもので、仮に美達氏の叙述がすべて虚偽であったならば、まったくの無駄な議論となることを断っておきたい。

美達氏の父親は金融業を営んでいた在日韓国人、母親は日本人で、一人っ子だった。家庭は裕福で小学校には運転手がキャデラックで送迎していたという。ひ弱なボンボンではなく、美達氏はＩＱが極度に高く、運動神経にも優れていた。だが、何よりも特筆すべきは父親の存在だ。父親の商売は金融業とはいうものの、暴力金融の先駆けのようなもので、前科二十犯ほどの凶暴な男だったという。強烈な個性の持ち主で、美達氏が子供の頃から独自の哲学で厳しく育てた。

「一番以外、二番も一〇〇番もくずだ」
「文句があったら言え」
「嘘をつくな」
（『人を殺すとはどういうことか』一九頁）

父親は「嘘をつくな」ということを強調するため、自分自身が債務者から「嘘をつかれた」と思う際には、相手に暴力を行使し、それを意図的に息子に見せたという。また、美達氏が嘘をついた際には、過剰に暴力を行使したため、約束はどんなことがあっても履行するし、仮に履行できなかった際には誠実に対応するという習性が身についたという。

美達氏は将来、医者か弁護士になると目されていた。だが、小学校時代に母親が家を飛び出し、父親の家業が傾き、貧乏の苦しさを味わって以降、金儲《かねもう》けの世界で活躍することを決める。

## 強固な信条から生じた二件の殺人事件

高校中退後、飲食チェーンの宴会の営業でたちまち頭角を現し、ついで教材販売で日本一を達成して最年少で支店長となり、同年代の五十倍もの年収を得る。そして二十一歳で金融業を開始する。営業能力に秀でていただけでなく、社会人として美達氏の特筆すべき点は、異常ともいうべき読書量だ。実に膨大な本を読み込んでおり、それは「読書狂」といってよい水準である。単行本を月に百冊から二百冊読み、週刊誌は二十冊、月刊誌は六十冊程読んでいたというのだから、尋常ではない。自身で「知らないことを知りたいという欲求が異常に強い」と評しているが、その通りだろう。

この後、美達氏は二件の殺人事件を起こす。事件の間隔は空いており、二件とも極めて計画的な殺人だった。美達氏の著作では、この殺人の経緯に関しては詳細が記されていない。読者としては極めて残念でならないのだが、被害者の感情を斟酌《しんしゃく》した都合であるという。確かに、自分自身の家族が殺された場面が詳細に綴られた文章を読まされる被害者の苦悩を思えば致し方ないだろう。

だが、この二つの殺人の原因は、美達氏の強固な信条にあった。すなわち、「嘘をつくな」という自らの価値観を他者も共有すべきであると確信していたがゆえの殺人事件だったと思われる。

一件目の殺人に比べて、やや事情が丁寧に説明されている二件目の殺人事件では、自分自身の言葉が犯行の契機となっている。それは「改めない、又は誠実な謝罪がなければ最悪の事態になる、私は、嘘は言わない」と言ったことを相手の部下に聞かれてしまったことだ。仮に相手が誠意ある行動をしなかったとき、自分自身の言葉を履行しなければ、自分が嘘つきになってしまい、自らの信条を裏切ることになると葛藤し、犯行に及んだというのである。

人間は自らの欲望や瞋恚《しんに》以外で人を殺すことなどないと思っている人には理解できない感情かもしれないが、ある種の人間にとって、自らの信条に基づいた言葉を裏切ることは、法を犯すこと以上に許しがたい行為にほかならないのだ。彼は自分自身の思想信条を貫くために凶行に及んでしまったのだ。

判決は無期懲役。当初、自分自身の無謬性《むびゅうせい》を疑っていなかった美達氏は検察官の論告を聞きながら、突然、改悛《かいしゅん》の念が浮かび上がってきた。自らの凶行、そして命乞いする被害者の状況を検察官が読み上げているとき、「雷に打たれたような衝撃」を感じたという。

ああっと思い、心の内で叫んでいました。何て冷酷なことをしたのか、無惨な死に方をさせたのかと叫んでいたのです。

なぜ、急にそんな激情にかられたか考えてみましたが、この時に初めて殺される被害者の気持ちを忖度《そんたく》したからだと思います。

（同六〇頁）

幼少期から自分が正しいと信じた道を歩むことの重要性を厳しくしつけられていた美達氏は、自分自身が間違っているかもしれないと感じたことがなかった。そして、自分自身の正しさは、そのまま他者の正しさでもあると思い込んでいた。相手がどのように考えているのかについて思いを致すことがなかったのである。自らの正しさを理解できない人など存在しないと考えていたといってもよい。思考の中心にあるのは自分自身であり、自分とは異なる他者がどのように考えるのかを想像したことがなかったのだ。

だが、このとき初めて、他者への共感、他者の目から自らの行為を見ようとすることの重要性に気づく。これは自らの無謬性をいささかも疑うことのなかった美達氏にとって初めての経験だった。

自らの罪の大きさを感じた美達氏は服役し、自らの罪に向き合いながら生活し、一生涯、刑務所の外に出ない選択をする。「仮釈放」を放棄するということだ。「娑婆《しゃば》」に出ようとするのではなく、刑務所の中で自らの犯した罪と向き合いながら、「償い」とは何かを考えようというのだ。

## ほとんどの受刑者が反省していない事実

ここまでが美達氏の物語だ。ここから先は、優れた知性と考察力に裏打ちされた美達氏が分析する刑務所の実態についての告白を紹介したい。この問題が美達氏の死刑肯定論と大きくかかわってくる。

無期懲役囚として刑務所に収監された美達氏は、刑務所の中でも「知らないことを知りたいという欲求」に基づいて、多くの犯罪者たちを観察し、率直に問答を重ねている。裁判では量刑の関係で真実を語らぬことが多い犯罪者たちは、意外なほど正直に、美達氏の質問に答えている。

美達氏は我々一般人からすれば衝撃的な結論を下している。

先《ま》ず、殺人事件で服役している受刑者のほとんどが、反省や謝罪や改悛の情とは無縁であり、自らの罪の意識すら持つ者が稀だということです。逆に、被害者に責任を転嫁し、非難する者が多数であり、遺族の苦痛等の心情を付度する者は極めて少数でした。

（『死刑絶対肯定論』八二頁）

刑務所では自らの罪に向き合い、「反省」「謝罪」「改悛」の日々を過ごしているのではないかと思うのだが、それは刑務所の実態を知らない一般人の誤解だという。罪を犯し、服役している受刑者は、「被害者に責任を転嫁し、非難する者が多数」だと美達氏は説く。にわかには信じがたいが、美達氏は、具体的な事例を挙げながら、受刑者の実態を白日の下に曝け出している。

美達氏が受刑者に、犯した罪の「反省」について尋ねると、多くの場合、「変なことを聞く人だ」という表情で応じるという。

「反省って、事件のでしょう?」

「うん」

「そうだなあ、やっぱ指紋を残しちゃまずいですよね。あとは、共犯に口の軽いのはダメですね。今回は勉強になりました」

（『人を殺すとはどういうことか』七八頁）

確かに「反省」といえば「反省」である。だが、これは罪を犯したことを反省しているのではなく、罪を犯した後に、逮捕され、裁判で有罪判決が下ってしまったことに対する反省だ。すなわち、罪を犯したことが悪かったのではなく、捕まってしまったことが悪かったということだろう。こういう受刑者が考えるのは、「次は罪を犯さずに真っ当に生きていこう」ということではなく、「次は捕まらずに罪を犯そう」ということになるはずだ。こうした気持ちで娑婆に出てこられたのでは、社会の秩序は保てない。

もっと驚くのが、テレビで事件のニュースを見ているときの受刑者同士の会話だ。ある事件が報道されているのを見た受刑者たちは、自分の犯行を面白おかしく語りながら、嘯くという。


「向かってくるから刺しちゃったよ」

「黙って言う通りにしてりゃ殺されなくて済んだのに」

「ひいひい言ってやがんだ。助けてくれって言ったって、こっちだってパクられたくないから助ける訳ないじゃん、バカな奴《やつ》」

「あんな所に居やがって、お陰でこっちはこんな所だ、チクショーめ！」　（同七九頁）

人を殺した凶悪犯たちは、基本的に牢獄《ろうごく》の中で反省することなく、むしろ自分自身が被害者であったかのように思い込む傾向が強いという。本来、殺すつもりはなかったが、偶然、窃盗に入ったその場に被害者が居合わせた、あるいは、犯人たちの脅しに抵抗した。常識で考えれば、窃盗に入った犯人こそが法律的、道徳的に悪いのだが、牢獄に入れられた受刑者たちの発想からすれば、その場に居合わせたり、抵抗したりした被害者が悪いというのだ。

「被害者さえいなければ、自分自身は殺人罪を犯すこともなく、娑婆で堂々と暮らせていたはずだ。本当の被害者は、娑婆から隔絶された牢獄に押し込められた自分たちだ！」という実に手前勝手な被害者悪玉論をぶち上げることが日常茶飯事だというのだ。

美達氏は犯罪者たちが、自らの罪に向き合おうとせず、更生できずに釈放されてしまう状況を憂えている。こうした美達氏が死刑を肯定する理屈が、実に興味深い。

## 死刑になることがわかってようやく被害者の冥福を祈る

美達氏は著作の中で、ある死刑囚との会話を綴っている。この死刑囚は、保険金を騙し取る目的で複数の人物を殺害した死刑囚で、死刑が確定してから五年ほどたっていた人物だ。五十代前半だったはずだが、六十代後半に見え、すっかり好々爺《こうこうや》然として見えたという。彼は、廊下に背を向け、数珠を手に正座して頭を垂れて熱心に拝んでいた。それは改心し、被害者の冥福を一心に祈る人の姿にほかならなかった。

疑問があれば、聞いて、確認せねば気が済まない美達氏は、この死刑囚に問うた。


「今のように反省し、被害者の冥福を祈るようになった、きっかけは何ですか」

「死刑だって思ったことかな……俺も死ぬんだってな。考えたことなかった、自分が死ぬことは。いつか死ぬのはわかってたけどな。自分の番がすぐに来るなんて……それからだ、相手のことを考えたのは」

「Aさん。もし、死刑でなかったら、相手のことは考えなかったですか」

「わからん……うーん、たぶん、考えないかもな。娑婆に出られる訳だしな……いや、考えたかなあ……何とも言えんな」

（『死刑絶対肯定論』一五六頁）


重要だと思われるのは、被害者の冥福を祈るきっかけが、「死刑だって思ったこと」であるかもしれないと示唆されている点だ。

美達氏が縷述《るじゅつ》しているように、刑務所の中で受刑者たちは自らの罪に向き合うことは稀だ。多くの人々が「娑婆」に復帰することを夢見ながら、自分の犯行について、極めて自己中心的な解釈を重ねる。その場に被害者がいなければ、娑婆にいられたはずだ、被害者が自分たちのいうことに抵抗しなければ、牢獄に入ることもなかったはずだ云々。いつまでも自分が中心であり、自分こそが「被害者」であるという倒錯した解釈に終始しており、被害者の苦しみと向き合うことがない。

ところが、自分自身が死ぬのだと自覚したとき、受刑者の中には真摯に自らの罪に向き合う者が多いという。

なぜ、死刑囚は自らの罪に向き合えるのか。

美達氏は指摘する。


生が限定されたものであるからこそ、真剣に生き方を見つめ、また自らも死ぬということで亡くなった被害者の立場を覗《のぞ》くことができるからではないでしょうか。(中略)死刑囚は確定してから死というものに常に正面から向き合って生活することになります。来週の今頃は、自分が存在しているのかどうかの確信さえなく一日一日の人生の重みを意識しない訳にはいきません。ここに懲役刑受刑者とは、途轍《とてつ》もなく大きな隔たりがあります。

(『人を殺すとはどういうことか』二五一頁)

人間は誰しも死ぬ。死なない人間など存在しない。死に向かってとどまることなく歩み続けているのが人生だといってもいい。だが、多くの人は自らが死ぬということを意識しないままに生きている。いや、死の問題について考えることを避けながら生きている。「死ぬまでにマチュピチュを旅してみたい」と口にする人も、一体、自分自身がいつ死ぬのか、死とは何なのかを真剣に考えることはほとんどない。

誰もが避けがたい死の問題は、おそらく一人ひとりの人間にとって最も深刻な問題の一つなのだが、こうした問題を避けながら日常生活の中に埋没しているのがほとんどの人間ではないだろうか。

「死とは何か」を真剣に考えてみても、死を経験するのは一度だけであり、その経験をする直前までしか考え続けることはできない。すると、誰もが確実に死を知ることはできないということになる。どれほど真剣に考えようとも正確に知ることのできない死の問題を考えるよりも、自分の身の回りの生活に忙殺されてしまうのが人間というものなのかもしれない。

そして、死の問題をそれほど真剣に考えることがないからこそ、日常生活を屈託《くったく》なくおくることができるのだともいえよう。死の問題を先送りして、深く考えないことによって、我々は平凡な日常生活をおくっているのかもしれない。

だが、死刑囚にとって、死はいつか訪れるものではない。明日訪れるかもしれないし、一週間後に訪れるものなのかもしれない。常に死と向き合わざるをえないのが死刑囚なのだ。彼らは否応なしに死の問題について考えざるをえない。

ドイツの哲学者、マルティン・ハイデガーは死の問題を意識して生きる「先駆的決意性」の問題について触れたことがあるが、これはある意味では、日本人にとってわかりやすい哲学だろう。

江戸時代、佐賀藩士の山本常朝《やまもとつねとも》が『葉隠《はがくれ》』で説いた「武士道と云《い》ふは死ぬ事と見つけたり」という哲学に通じるものがあるからだ。勘違いしている人も多いが、『葉隠』の指摘は、武士が死を選ぶべきだと単純に説いているわけではない。むしろ、「死」という問題を避けるのではなく、死そのものと直面し、死の問題に向き合ったうえで、自らの「生」の意義が見えてくると説いているのである。自らは死すべき存在であることを強く自覚したうえで、力強く生きていくことを説いているといってよい。

多くの受刑者が被害者の無念に思いを致したり、自らの犯行を反省したりすることがないまま「娑婆」に出る日を夢見ているというのが、美達氏の冷静な観察に基づいた結論だ。大罪を犯しながら、自らの罪を自覚できないまま過ごすよりも、死刑囚となり、死と直面していく中で自らの大罪を悔い改め、人間らしく死んでいった方が、より「人間的」なのではないかというのが美達氏の根源的な問いかけなのである

［初出］　死刑制度を考える２（メールマガジン『岩田温の「政治哲学講義」』二〇一九年二月十一日）

# 死刑制度を哲学的に考える

## 死刑が犯罪を誘発することもある

岡村勲氏の被害者の家族からの視点、美達大和氏の貴重な獄中体験から導き出された死刑肯定論を読み解いてみれば、死刑が存在すべきだと考えるのも当然だろう。私も実際に、死刑は必要であるとの思いをますます強くしながら、ここまで文章を書き続けてきた。

果たして、ほかに論ずべき観点はないだろうかを考えている際に、非常に興味深い一冊に出会った。哲学者、萱野《かやの》稔人《としひと》氏の『死刑 その哲学的考察』（ちくま新書、二〇一七年）だ。萱野氏の本は以前に何冊か読んだことがあったが、いずれの著作においても、いわゆる「リベラル」とは一線を画してものを考えている稀有な学者であるとの印象を持った。型にはまった左翼から抜け出そうという知的な努力を重ねている学者なのである。

本書を読んでいて、さすがだと思ったのは、フランスの哲学者、ジャック・デリダの名前を出してありがたがる日本の学者の馬鹿らしさを痛罵していたからだった。デリダはポスト・モダンを代表する思想家とされる人物だ。日本の学者の中には、デリダの名前を出して権威づけする人やデリダの名前を出されると無条件に拝跪するような態度を取る人が少なくない。デリダに限らず著名な思想家がこう言っていると言えば、そこで思考を中断させてしまうような類いの二流の人物が多すぎるのだ。デリダは『来たるべき世界のために』（岩波書店、二〇〇三年）という対談の中で、死刑を克服すべきことを指摘しているが、このデリダのお告げをありがたがって、死刑を廃止せよと説く学者について、萱野氏は「そのありがたがりぶりは、はたからみると痛々しいほどである」と一刀両断する。なかなか痛快である。

萱野氏は幾つかの観点から死刑の問題を吟味し、最終的には「冤罪《えんざい》」の問題から、死刑廃止論を導き出している。私がその中で一番興味を持ったのは、「死刑になりたいと思う人間に対しては、死刑は犯罪の抑止になるどころか、犯罪を誘発する要因になってしまうのではないか」（前掲書）との問いかけだった。

死刑は加害者が生きていたいという願望を持っているときに処罰としての効果を発揮する。そして多くの場合、人間は生きていたいと望む。だからこそ、死刑は極刑となる。しかしながら、世の中には、何らかの事情で生きていたくないと望む人がいるのも事実である。

多くの場合、死を選ぶ人は何らかの形で自殺する。だが、自らが死にたいとの願望を実現するために死刑を悪用するような人物も存在するのだ。要するに、死刑によって処罰されることを望むがゆえに、凶悪な犯罪に走るということだ。

具体的に萱野氏は宅間守《たくままもる》（二〇〇四年死刑執行）を挙げ、その動機等々を詳述している。宅間守とは、大阪教育大学附属池田《いけだ》小学校で児童八人を殺害し、十三人の児童、二名の教員に重軽傷を負わせた人物だ。この凶悪事件に衝撃を受けた石原慎太郎氏が『凶獣』（幻冬舎《げんとうしゃ》、二〇一七年）と題したルポルタージュ風の小説を発表したことでも知られている。
宅間守は大量殺戮事件を起こした理由について次のように述べている。

「自分の人生を幕引きする代わりに他人を道連れにしてやろうと考えた」

（『死刑　その哲学的考察』五四頁）

「自分が死ぬくらいなら自分自身が味わっている絶望的な苦しみをできるだけ多くの被害者とその家族に味わわせてやろう」

（同五五頁）

あまりに残忍な事件と身勝手な主張から、当然のことながら宅間守には死刑の判決が下った。死刑という刑罰が存在している以上、宅間守が死刑に処されないということはありえなかっただろう。白昼の凶悪極まりない事件で冤罪の可能性は皆無だったからだ。

死刑判決が下った後、弁護団は控訴するが、宅間自身がこの控訴を取り下げた。彼は延命を望むのではなく、死刑に処されることを望んでいたのだった。さらに、死刑が確定された後に、自身の死刑がなかなか執行されないことについて憤っていたのだ。速やかに自らを死刑に処すべきだというのが宅間の主張だった。

自分は死刑で早く死んでしまいたい。そう思う凶悪犯が死刑に処されたとき、我々には複雑な思いが去来する。宅間守とは、誰がどのように考えても死刑に値する人間だ。そして、我々が思う通り、彼は死刑に処された。しかしながら、彼は死刑に処されることを望んでいた。彼の望みをかなえてあげることが、正しいことなのだろうか。

宅間の事件の場合、死刑になることだけを望んでいたというよりも、死ぬならば、他人を巻き込んでやりたいという社会に対する怨念を感じる。仮に死刑が存在しなくとも、宅間が何か事件を引き起こしていた可能性は否定できない。事実、彼はこの残忍な大量殺戮事件を起こす前に何度も反社会的な行動を繰り返し、逮捕されてきたのだ。

## 自ら死刑を望んで凶行に及んだ金川真大

より「純粋」――こういう表現が適切か否かはいささか戸惑うが――に死刑を望んで犯罪を起こした犯罪者も存在する。土浦《つちうら》連続通り魔事件を起こした金川真大《かながわまさひろ》（二〇一二年死刑執行）である。

金川真大については読売新聞水戸《みと》支局取材班が徹底した取材を行い『死刑のための殺人』（新潮社、二〇一四年）で、この奇怪な事件と危険な犯人について詳述している。以下の叙述は、本書に依拠している。

高校卒業後、進学もせず就職もしなかった金川は、ゲームに没頭するひきこもりの生活を続けていた。時にアルバイトに出かけることもあったが、それは好きなゲームを購入する資金調達のためだった。しかし、ゲームに没頭する日々も永遠に続くわけではないことを金川は気づいていた。父親が定年退職を迎えれば、金川自身が働かねばならなくなるはずだったからだ。

しかし、彼は働くことに意義を見出せなかった。今までアルバイトで働いてきたのはゲームを購入するためだったが、人生の大半を働くような生き方には魅力を感じることができなかった。やりたくもない仕事を続ける人生に意味があるとは思えなかったのである。

人生に意義を見出せない金川は自殺を考えるが、自殺には失敗の可能性がつきまとう。もし失敗すれば、苦しみばかりが続く人生となるかもしれない。そこで、自分自身が確実に死ねるのは、死刑になることだと思いつく。

だが、死刑になるためには人を一人殺しただけでは駄目だ。連続殺人を犯した永山則夫《ながやまのりお》の死刑判決以来の「永山基準」に基づけば、二人以上を殺さなければ死刑にはならないとされているからだ。二人以上の人間を殺せば、確実に死ぬことができる。だから、何としても二人以上の人間を殺さなければならない。

金川はそう考えた。

だが、自分自身が死刑になるためだけに、罪なき人を殺すことに何の躊躇も感じないものなのだろうか。

多くの人がそう考えるはずだ。

しかしながら、金川は特殊な思想を持っていた。

善悪はすべて人間が作り出した観念にすぎず、その根拠など存在しない。多くの人が善悪の概念が存在すると思い込んでいるが、それは「常識」に囚われているだけだ。「常識」を取り払ってありのままの事実を見てみれば、善悪など存在しない。ライオンがシマウマを食べるときに何か罪悪感を覚えるなどということがあるだろうか。同様に、強い人間が弱い人間を殺戮しようとも、そこに罪悪感を覚える必要などないのだ。多くの人が人を殺すことに罪悪感を覚えるのは、その人が「常識」に囚われているからにすぎない。

## 善悪を否定する特異な思想

こうしたニヒリスティックな金川の思想を形成することになったのが、哲学者、永井均《ながいひとし》氏の『子どものための哲学対話』（講談社文庫、二〇〇九年）であったという。父が金川に買い与えた一冊が、彼の特異な思想を形作る結果となった。本書を一読してみると、確かに金川のように善悪の根拠などないのではないかと読める箇所がある。

だが、これは別に永井氏の独創というわけではなく、古くて新しい哲学の問いなのだ。「善悪に根拠はあるのか？」と尋ねられて、堂々と答えられる人は、近代において少ないのが現実だ。近代以前の社会においては、善悪の根拠には神の存在があった。神こそが善悪の基準であり、人間の理性においては理解できない善悪の絶対的な判定者だったといってよい。だが、「神は死んだ」（フリードリヒ・ニーチェ）とされる近代以降、善悪の絶対的な基準を提示することは極めて困難になった。善悪の根拠を根源から提示できるという人が少ないのは当然なのだ。

さらにいえば、この善悪についての問題は絶対神が存在しなかった古代ギリシャで政治哲学の起源、すなわちソクラテスの出現とともに現れた問題でもある。プラトンの『国家』においてトラシュマコスは「正しいこと」とは、支配階級のために作られた概念にすぎないという。被支配階級が支配階級のために動くことが「正しいこと」であり、その逆が悪いこととなるというのだ。また、同様にプラトンの『ゴルギアス』においてカリクレスは「正義」とは、強者が弱者を支配し、弱者よりも多くのものを所有することだと説いている。

だが、金川が残念だったのは、こうした哲学的真理とされる考え方が、社会の存立とは対立するという「政治哲学的」(ドイツ出身のアメリカの哲学者、レオ・シュトラウス)な観点を持つことができなかった点だろう。社会は「真理」ではなく、「意見」に基づいて構築されている。真理とは相反するように思われる常識こそが社会の要なのだ。なぜ、「真理」と「意見」が異なるとき、人は「意見」、すなわち常識を尊重しなければならないのか。ここまで考えなければ人間社会は成立し得ないのだが、彼の哲学は非常に生半可なものだった。生半可な哲学が、金川なる人間に「常識」を軽蔑し、「善悪」を否定することこそが賢いと思わしめてしまったのであろう。

## 死ぬつもりなら何をしてもいい?

また、永井氏の『子どものための哲学対話』には、「死刑」に関して次の記述があるのも興味深い。

世の中がきみに与えることができるいちばん重い罰は死刑だね？　死刑以上の重罰はないだろ？　ということはつまり、世の中は、死ぬつもりならなにをしてもいいって、暗に認めているってことなんだよ。認めざるをえないのさ。（一二四頁）

「死ぬつもりであるならば、何をしてもいい」。まさにニヒリズムの極致のような考え方なのだが、仮にこういう考え方に本当に陥った人間がいた場合、彼を説得するのは極めて困難だ。この世の中にある刑罰の最高刑を超える罰を与えることなどできはしないからだ。

金川の場合、「死ぬつもりになって」、死刑を求めて、無慈悲なる無差別殺人事件に手を染めたということになるだろう。

二人が死亡し、七人が重傷を負ったこの連続殺傷事件で、金川は驚くべき残酷さを示している。彼は「安全に」死刑になることを目指しているため、自分自身よりも強そうな人物を襲撃することはなかった。仮に殺人に失敗して、自らが逮捕されてしまえば、死刑になることがかなわないからだ。

ある家のインターホンを押す。都合よく初老の男性が出て来た。自分よりも弱く殺しやすそうだと判断した金川は、自転車がパンクしたと嘘をつく。優しい老人は金川に同情し、空気入れを貸すだけでなく、タイヤに空気を入れる作業を手伝ってくれた。自転車に空気を入れ終わった後、空気入れを持って物置に向かおうと老人は背中を向けて歩き出した。ここで背中に近づき、突如首に包丁を突き刺したのだ。

老人の優しさにつけ込む卑劣極まりない、残酷極まりない殺人だが、金川は一向に悪びれる様子がなかったという。

裁判における被告人質問の際、弁護士と金川との間に、死刑を考える際に実に重要なやりとりがなされている。

弁護側の質問の要約と、注目すべき金川の答えは次の通りである。


——(略)死刑になりたかったのか、死にたかったのか、どちらですか?

「死にたい、が先にあって、死ぬための手段が殺人です」

——自殺する方法もあるけど、なぜ考えないの?

「自殺は痛いので。失敗すれば長く苦しむだけ」(中略)

——何人殺しても死刑にならないなら、事件を起こさなかった?

「起こさなかったですね」(中略)

——人や社会に恨みや不満があり、人を殺したいという気持ちはなかったの?

「ありません」

(『死刑のための殺人』一一六頁)


要するに金川は自分自身が死刑によって死にたいという願望を満たすために罪なき人々を殺したということだ。逆に言えば、死刑が存在しなければ、被害者は殺されることもなければ、傷つけられることもなかったということになる。

彼の死刑願望が強かったことは、死刑が確定した後、死刑の執行が遅いと怒りの声を上げていたことからも明らかだ。


「こうして生きてることは、時間のムダ、税金のムダ。法務省の人間を皆殺しにしてやりたいね。死刑執行は6ヶ月以内。守られていない。テメエで作った法をテメエで守らないのはバカだ　どのツラさげて悪人を裁くんだ？」（同一五頁）

こういう死刑願望に基づく殺人事件を防ぐためとの観点から、死刑について考えてみることも重要だろう。

まず、金川の事件においては遺族全員が死刑を望んでいた。愛する家族をまったく独善的な理由で殺害されたのだから、生きていてほしくないと遺族が願う気持ちは非常によく理解できる。だが、この遺族の思いそのものが金川の望みを実現させるために悪用されているのだ。

実に複雑な思いが去来するというのが本当のところだ。

私は長年、死刑擁護論者だった。被害者や遺族のことを考えもせずに、加害者の人権を守れとばかり主張する人々に憤りを感じていたのだ。愛する家族を殺されて許しがたいという岡村勲氏の主張には強く賛同するし、実際に死刑に臨む直前に改心することができた人が存在したという美達大和氏の主張にも大いにうなずかされた。死刑擁護論ならば、この段階で筆を措《お》いてしまうのが賢明だったかもしれない。

だが、私自身が萱野稔人氏の著作、そしてそれぞれの事件の真相を負ったジャーナリストの力作を読み込んでいく中で、徐々に死刑に対する見方が変わっていったのが事実だ。死刑を望んで複数の罪なき人を殺すという愚かで残酷な事件が勃発した以上、我々はこうした事実を見据えたうえで死刑を論じなければなるまい。この事件を閑却したうえで死刑についての議論を進めることは、愚かな殺人犯の凶刃に斃れた無辜の人々を無視することになってしまうはずだ。

では、死刑ではなく何を、といわれると即答することは困難なのだが、実に過酷な状況下における終身刑ということになるのではないだろうか。

誰もが生きていること自体がつらくなるほどの監獄で一生生き続ける。一切の面会は禁止し、食事も最低限生きていける程度の内容だ。本を読ませることも映画を見せることもなく、何もすることがない状況。こうした状況下に置かれることは、おそらく死ぬことよりもつらいだろう。だが、ここでまた声を上げるのが「リベラル」だ。加害者にも「基本的人権」を認めろと騒ぎ立てるだろう。

「リベラル」派の死刑廃絶論ではなく、死刑よりも厳しい刑罰を導入する形で議論を進める時期が到来している。

［初出］　死刑は存続すべきか？　もう一つの論点（メールマガジン『岩田温の「政治哲学講義」』二〇一九年三月二十五日）

## おわりに

# 〈彼ら〉は善く生きようなどと思ってはいない。善く生きているように思われようとしているだけだ。

本書では様々な偽善者を批判してきた。最後に偽善者の何が気持ち悪いのかを明らかにしておきたい。

古代ギリシャの哲学者アリストテレスは、人間が「中間的存在」であると指摘した。「中間的存在」とは、人間が神と野獣の中間に位置するということだ。これは善と悪の間を揺れ動く人間の定めを明らかにしているものだ。神は善き存在であって、悪《あ》しき存在にはなりえない。その逆に、野獣は善き存在になろうと努力することがない。虎が目の前の草食動物を食べようとするとき、善や悪の問題を考えないのは当然だ。野獣は善く生きようという意思を持たないからである。

神でも野獣でもない人間は、善く生きようとすることもできるし、悪く生きようとすることもできる。そして、残念ながら完全なる善にも完全なる悪にもなりえない。善き人も時に誤るだろうし、悪しき人も時には善き行いをすることもあるだろう。善と悪の間を彷徨《さまよ》うのが人間の定めに他ならないのである。

人間が中間的存在である限り、善にも悪にもなる。私は善く生きようとする人々が時に誤ったとしても、それを殊更に批判する気にはなれない。誰でも間違いはあるし、私自身も清廉潔白な人生のみを歩んできたとは言えないからだ。

しかし、偽善者は性質《たち》が悪い。彼らはそもそも善く生きようなどと思ってはいない。善く生きているように思われようと口先だけの美辞麗句を並べ立てているだけなのだ。『論語』には「巧言令色鮮し仁《こうげんれいしょくすくなしじん》」とあるが、これは時代を超えた真実を表した至言である。

「リベラル」が隆盛を極めている状況において、偽善者たちは「リベラル」を演じている。だが、時代が変われば彼らの仮面は変化するだろう。戦前の日本に生まれていたならば、現在「リベラル」を騙っている人々の多くが「愛国者」の仮面を被って堂々と天下の大道を歩んでいたであろう。

よくいえば「機を見るに敏」というのだろうが、その本質は信念なき機会便乗主義者（オポチュニスト）に過ぎない。風の流れるままに漂うボウフラのような存在なのだ。

彼らの正体が白日の下に曝され、多くの人が偽善者の甘言に誑《たぶら》かされないでほしいと願いまとめたのが本書である。読者諸賢がわずかでも参考になる部分があれば幸いである。

本書は、過去に幾つかの媒体において発表した論考を中心にまとめたもので、肩書等も初出当時のままのものもあるが、大幅に手を加えてある。古くなってしまった部分は大幅にカットし、足りないと思った部分は大幅に加筆修正した。論考によってはオリジナルの原稿とかけ離れてしまった原稿もある。

また、有料メールマガジン『岩田温の「政治哲学講義」』において発表した論考も本書には多数含まれている。購読者としてお支えいただいた読者の皆様に深く御礼申し上げたい。

本書執筆に際しては、本当に多くの方々にお世話になりました。イースト・プレスの畑祐介氏には編集作業において大変お世話になりました。なかなか執筆できない私を叱咤《しった》激励していただいたことを厚く御礼申し上げます。

また、大学の岩田ゼミのメンバー、社会人対象の岩田ライティング・ゼミのメンバーにはいつもながら議論にお付き合いいただきました。いつも有意義な議論ができて非常に幸せに思います。

最後に、いつも私のことを温かく見守ってくれている家族、とりわけ妻のゆり子に感謝します。いつも忙しくしており迷惑をかけてばかりですが、本当にありがとう！

令和元年　五月一日

岩田　温

# 偽善者《ぎぜんしゃ》の見破《みやぶ》り方《かた》
## リベラル・メディアの「おかしな議論《ぎろん》」を斬《き》る

2019年5月30日　第1刷発行

著　者　岩田《いわた》 温《あつし》

ブックデザイン　水戸部 功
本文DTP　臼田彩穂
企画・編集協力　株式会社 清談社、畑 祐介

発行人　北畠夏影
発行所　株式会社イースト・プレス
〒101-0051
東京都千代田区神田神保町2-4-7 久月神田ビル
TEL:03-5213-4700　FAX:03-5213-4701

印刷所　中央精版印刷株式会社


ISBN978-4-7816-1782-4 C0031



イースト・プレスの人文・ノンフィクション
Twitter: @EastPress_Biz
http://www.facebook.com/eastpress.biz